ROMAIN GAGNON ING.

VERS L'ABRUTISSEMENT DE L'ESPÈCE HUMAINE

Préface : **YVON DALLAIRE** M. Ps.

Inventaire des délires idéologiques du XXIe siècle

Titre: Vers l'abrutissement de l'espèce humaine: Inventaire des délires idéologiques du XXIe siècle / Romain Gagnon; Préface: Yvon Dallaire

Nom: Gagnon, Romain, 1963- auteur. | Yvon Dallaire, 1947- préfacier.

Description: Première édition | Comprend des références bibliographiques

Identifiants: ISBN 978-2-9819441-5-3 (couverture souple) | ISBN 978-2-9819441-6-0 (EPUB)

Mise en page: Alejandro Natan
Page couverture: Isabelle Deprez
Photographie de l'auteur: Marc Dussault
Révision: Claude Ducharme, Christine Rebours

N'y a-t-il pas quelque chose d'un peu absurde dans le spectacle d'êtres humains qui tiennent devant eux un miroir et qui pensent que ce qu'ils y voient est tellement excellent que cela prouve qu'il doit y avoir une Intention Cosmique qui, depuis toujours, visait ce but… Si j'étais tout-puissant et si je disposais de millions d'années pour me livrer à des expériences, dont le résultat final serait l'Homme, je ne considérerais pas que j'aurais beaucoup de raisons de me vanter.

BERTRAND RUSSEL

TABLE DES MATIÈRES

REMERCIEMENTS

J'ai travaillé fort à la rédaction de cet essai, mais je ne suis pas le seul. De précieux collaborateurs ont aussi mis la main à la pâte, soit parce qu'ils partagent mes convictions politiques, soit par simple altruisme.

D'abord, un gros merci à Yvon Dallaire qui non seulement a lancé ma carrière d'auteur en 2004, mais qui signe encore aujourd'hui la préface.

Je tiens aussi à exprimer ma gratitude envers les brillants intellectuels Michel Belley, Annie-Ève Collin, Daniel Baril, Jules Watsin, mes bons amis Martin Blier, Guy Sauvé, Denis Guindon, ma complice idéologique Andréa Richard et l'anthropologue de mon cœur, Stéphanie.

À ma mère,
Qui ne m'a pas enseigné les sciences,
Mais qui a su m'inculquer le gros bon sens.

PRÉFACE

Romain Gagnon a parfaitement raison: il écrit ce que la plupart des gens pensent, mais craignent de dire. Des gens qui vont même jusqu'à s'autocensurer pour ne pas devenir la cible de la soi-disant justice populaire. Mais pas lui: il ose dire et écrire le ras-le-bol de la majorité de la population devant deux extrémismes qui utilisent les réseaux sociaux pour se faire entendre et chercher à imposer leurs croyances.

Car c'est bien de croyances dont il s'agit ici: la croyance, peu importe qu'elle soit de gauche ou de droite, qu'eux ont raison et que tous devraient se rallier à leurs diktats. C'est que «si vous n'êtes pas avec nous, vous êtes donc contre nous». J'en sais quelque chose, car j'ai osé tenir, dans mon livre *Homme et fier de l'être*[1], des propos positifs sur les hommes et on m'a accusé d'être antiféministe, machiste, rétrograde et j'en passe.

On est loin de la citation apocryphe de Voltaire: «Je ne suis pas d'accord avec ce que vous dites, mais je me battrai jusqu'à la mort pour que vous ayez le droit de le dire.» Dans une démocratie, les débats sont encouragés. Les mouvements woke et pro-vie sont des totalitarismes où nulle dissension n'est permise. C'est le «crois ou meurs» de la sanglante Révolution française. Nous n'en sommes pas encore là physiquement, mais intellectuellement, oui.

1. Publié en 2001, ce livre a été réédité sous le titre *Homme et toujours fier de l'être* en 2015 par les éditions Québec-Livres.

On ne peut plus dire ou écrire le mot *nègre*, même avec gratitude, sans se faire traiter de raciste. On ne peut pas s'opposer au voile, sans se faire traiter d'islamophobe. On ne peut plus utiliser les mots femme et homme, mère et père, sans se faire traiter de rétrograde et de sexiste. Il faut maintenant utiliser le pronom « iel ». On ne peut plus se dire hétérosexuel sans se faire traiter de cisgenre hégémoniste.

Le texte de Romain, richement documenté, vous surprendra à maintes reprises, car il démontre le paradoxe de nombreuses croyances, comme le fait que l'intensité de la foi religieuse est directement reliée à l'intensité de la violence, le fait qu'il n'y a pas 72 vierges qui attendent au paradis le martyr qui s'est fait exploser, le fait que c'est l'homme qui a créé Dieu à son image et non l'inverse, le fait que les pro-vie veulent restituer la peine de mort, le fait que... Je pourrais continuer ainsi sur plusieurs paragraphes, mais je vous laisse le soin de découvrir cette suite tout au long de votre lecture. Attendez de voir ce qu'il écrit au sujet des délires des conspirationnistes et des climatosceptiques qu'il associe au même trouble cognitif que la foi religieuse.

Mais le meilleur reste à venir: l'extrême gauche qui a donné naissance au wokisme, un mouvement qui crée une injustice moderne pour venger une injustice passée et qui, au nom de « l'Inclusion », exclut tous ceux qui ne pensent pas comme eux. Tout y passe: le racisme dont seuls les Blancs seraient coupables, le racisme systémique nié par le gouvernement québécois, la culture du bannissement qui déboulonne des statues et veut « purifier la littérature et l'histoire », les enfants-rois qui croient que tout leur est dû et ce, sans qu'ils aient quelque effort à faire, le concept d'appropriation culturelle qu'il faut combattre par de la discrimination dite « positive », mais qui se fait à l'encontre de l'homme blanc qualifié d'hégémoniste.

Tout ça mène à l'autocensure qui est le contraire de la liberté d'expression si chère aux démocraties dont nous faisons encore partie, du moins pour le moment. L'idéologie woke contamine actuellement nos universités: des professeurs scientifiques n'osent plus dire ce qu'ils pensent vraiment et se laissent dicter leur conduite par la sensibilité du plus susceptible.

Évidemment, Romain Gagnon ne pouvait pas passer à côté de la théorie du genre et du féminisme de genre, lesquels nient toute différence biologique entre les hommes et les femmes, différences qui seraient créées de toute pièce par des stéréotypes et préjugés culturels. Le féminisme de genre véhicule une véritable misandrie systémique contre l'homme blanc hétérosexuel occidental accusé de tous les maux.

Cette théorie pousse des milliers de jeunes, particulièrement les jeunes filles, à vouloir changer de genre. Les demandes de changement de «sexe» ont augmenté de 4000 % depuis 10 ans et c'est maintenant 7 filles pour un gars qui demandent ce changement alors qu'il y a 10 ans, c'était 3 gars pour une fille. Romain nous explique pourquoi.

J'espère que le livre de Romain, tout comme celui de Guy Nantel[2] que j'ai lu avec autant de plaisir, réveillera la grande majorité de la population bienpensante tant sur la censure de l'extrême gauche que sur la censure de l'extrême droite et que cette population finira par dire «Assez, c'est assez». Mais pour ça, il faudrait que plus de scientifiques et plus de politiciens montrent l'exemple et cessent de s'autocensurer et de faire de l'aplaventrisme. Notre société est actuellement victime de la tyrannie des minorités et de leur susceptibilité.

Romain termine sa longue liste d'inepties et de délires menant à l'abrutissement humain en parlant de l'obésité, du véganisme et autres troubles alimentaires. N'ayant aucune

2. Nantel, G. *Le livre offensant*, Entourage, 2021.

formation en nutrition, je ne peux que prendre note de sa position et y réfléchir. Disons qu'il avance d'excellents arguments.

Dans la préface de son livre *Et l'homme créa Dieu à son image*, j'avais écrit qu'il prenait le risque d'une fatwa contre lui. Avec la première partie de ce livre, il renforcit ma crainte. Avec la deuxième partie, il prend en plus le risque d'un lynchage public sur les réseaux sociaux par les wokes et les intégristes d'extrême gauche. Devrais-je craindre aussi pour moi-même qui ose signer cette préface afin de confirmer mon plein accord aux propos de Romain (sauf quelques petites nuances) ?

Yvon Dallaire, M. Ps.
Maitre en psychologie
Auteur, conférencier et consultant conjugal
https://yvondallaire.com

AVANT-PROPOS

Je vous préviens: les propos tenus dans cet essai risquent fort d'offenser les chastes oreilles des wokes tout comme de provoquer l'ire des conspirationnistes et autres intégristes religieux. Les trois premiers chapitres écorchent l'extrême droite et les trois derniers, l'extrême gauche.

Je ne fais pas dans la dentelle! En revanche, je dis les choses que le citoyen raisonnable pense, mais n'ose plus dire. En effet, la liberté d'expression en a pris pour son rhume depuis le début du siècle. Il suffit d'occuper un poste au sein du gouvernement, d'une institution d'enseignement ou encore d'une grande entreprise pour être censuré. C'est l'ère du *politically correct*. Or, j'ai la chance d'être un électron libre dans la société et de pouvoir dire tout haut ce que plusieurs pensent tout bas.

Je pourrais aussi profiter de la vie et me taire. Cependant, je suis humaniste dans l'âme et la direction que prend notre civilisation actuellement me désole. Malgré certains passages rocambolesques de ma vie, je fais quand même partie de cette minorité d'êtres humains les plus choyés de la planète, tant géographiquement que temporellement; j'appartiens justement à cette caste privilégiée d'homme blanc, hétérosexuel, ni obèse, ni handicapé que les wokes détestent viscéralement. C'est pourquoi je me sentais une certaine responsabilité morale d'écrire cet essai et de tenter de ramener un tant soit peu de raison et de lucidité dans le débat public. C'est un sincère et authentique retour d'ascenseur de ma part.

Bonne lecture!
Romain Gagnon, ing.
2022-09-30

Attentat terroriste du 11 septembre 2001 à New York

INTRODUCTION

L'histoire de l'humanité n'est pas un long fleuve tranquille. De grandes civilisations ont vu le jour, ont atteint leur apogée, puis ont disparu: l'Égypte antique, la Grèce antique, l'Empire romain, l'Empire mongol, la dynastie Ming, etc. Notre propre civilisation risque fort de connaitre un destin similaire après avoir atteint son apogée dans la deuxième moitié du XXe siècle. En effet, le féminisme a procuré un statut égal à la femme presque partout en Occident, mettant ainsi fin à des siècles de misogynie religieuse et sociale. Ce vent de libération de la femme a même soufflé jusqu'en Iran et en Afghanistan où les femmes pouvaient dans les années 1970 se pavaner dans la capitale en minijupe et talons hauts. L'avortement a été décriminalisé dans la plupart des pays. L'homosexualité a suivi un chemin similaire vers la fin du siècle passé.

Nous avons vraiment cru que les épidémies et famines mondiales ainsi que les grandes guerres étaient chose du passé. L'Allemagne et le Japon, pourtant nos ennemis jurés durant la Seconde Guerre mondiale, étaient désormais devenus d'importants partenaires économiques. La chute du mur de Berlin consacrait la fin de la guerre froide. Le pourcentage du produit intérieur brut consacré aux dépenses militaires décroissait dans la plupart des pays.

Grâce à Internet et à la démocratisation du transport aérien, les Terriens n'avaient jamais senti leur planète si petite. La Chine sortait de son isolement économique. Les traités de libre-échange se multipliaient. L'Europe se dirigeait vers une monnaie commune et l'abolition de ses frontières internes. La mondialisation battait son plein. Et de façon générale, les taux de pauvreté extrême dans le monde atteignaient des planchers historiques. Par exemple en France, le taux de pauvreté (calculé à 50 % du niveau de vie médian) est passé de 12 % en 1970 à 7 % en 1990; hélas, il remonte depuis[3].

Le XXIe siècle a bien mal démarré pour l'humanité. Les attentats du 11 septembre 2001 consacraient le retour de l'intégrisme religieux; il redevenait ainsi usuel de tuer des innocents au nom d'un être imaginaire appelé Dieu. En Iran, une femme est désormais passible de coups de fouet si elle omet de porter son hijab en public, alors que la loi interdisait de le porter en 1936. Le Brunei est devenu le treizième pays où l'homosexualité est désormais passible de la peine capitale[4]. Au Texas, l'avortement est redevenu un crime et la dénonciation y est même encouragée et rémunérée. En Afghanistan, les talibans ont repris le pouvoir et il est désormais interdit aux femmes de travailler et d'étudier. Des femmes y ayant mené une brillante carrière de juge sont maintenant réduites au ménage et à la cuisine, sinon elles sont arrêtées et condamnées.

Qu'est-ce qui se passe? Après avoir connu le siècle des Lumières, pourquoi l'humanité voudrait-elle retourner à l'âge des ténèbres? L'humain est-il masochiste ou carrément psychopathe? J'en discuterai au chapitre 1.

Le XXIe siècle fait face à une crise démographique sans précédent: il y a maintenant trop d'*Homo sapiens* pour la surface de notre planète. Les répercussions les plus critiques sont notamment d'ordre sanitaire et environnemental.

3. Centre d'observation de la société, 5 octobre 2021, https://www.observationsociete.fr/revenus/pauvreté/evolution_pauvrete-2/

4. Byrnes, H. «13 countries where being gay is legally punishable by death», *USA Today*, 19 juin 2019.

La surpopulation combinée au transport aérien a facilité la pandémie mondiale de la COVID-19. Cette pandémie était prévisible; je l'avais même anticipée dans mon livre précédent[5]. Toutefois, je n'avais pas prévu que 10 % de la population refuse le vaccin ni qu'une importante frange de ces réfractaires le fasse sur la base de théories du complot souvent abracadabrantes. Selon Thierry Ripoll, chercheur en psychologie cognitive à l'université d'Aix-Marseille, le conspirationnisme implique des mécanismes neuropsychologiques analogues à la foi religieuse. Autrement dit, conspirationnisme et religion impliqueraient le même genre de psychose collective. Je m'y attarderai au chapitre 2.

Alors que les prévisions d'émission de gaz à effet de serre sont apocalyptiques, nos gouvernements demeurent toujours timides face à la taxe sur le carbone. La raison en est simple: une part non négligeable de la population est en déni face aux conséquences du réchauffement climatique, surtout la frange droite. Ce déni est regrettable, mais tout de même prévisible chez ceux qui ont des intérêts dans l'industrie fossile. Toutefois, qu'en est-il des climatosceptiques en général? Sont-ils trop stupides pour comprendre l'impact des GES? Ou bien simplement trop égoïstes pour se soucier du sort des générations à venir? Au chapitre 3, j'avance une troisième hypothèse: l'industrie fossile manipule habilement la population à ses fins économiques, tout comme le clergé l'a fait pendant des siècles. Les réseaux sociaux facilitent d'autant plus cette manipulation.

De tous les délires du XXIe siècle, celui qui me déconcerte le plus est l'idéologie woke discutée au chapitre 4. Certes, le sexisme, l'homophobie et le racisme sont des fléaux qu'il faut combattre et qu'on a heureusement combattus. Le racisme dit systémique a beaucoup reculé sinon disparu dans plusieurs

5. Gagnon, Romain. *Et l'homme créa Dieu à son image*, Éditions Stratégikus, 2019, 2020.

régions du globe vers la fin du XXe siècle. Le racisme systémique se distingue du racisme individuel, parce qu'incorporé à même les structures de l'État. Dans la plupart des pays occidentaux, la loi interdit désormais de discriminer une personne sur la base de sa race, de son sexe ou de son orientation sexuelle. Bien sûr que parfois certains enfreignent la loi, mais le cas échéant, il s'agit alors de discrimination individuelle et non systémique.

La lutte au racisme et au sexisme se justifie par souci d'équité, mais aussi de diversité. En effet, l'intégration de femmes à la communauté scientifique a contribué à l'avancement de la science parce que, du fait de la structure différente de leur cerveau, elles ont apporté des solutions inédites à de vieux problèmes. Il en est de même pour l'intégration de minorités ethniques à la communauté scientifique; l'intégration du savoir autochtone dans certaines études environnementales au Canada en est un exemple[6].

Bien sûr, moult injustices ont été commises par le passé et le mouvement woke est né d'une bonne intention au départ. Hélas, si on ne peut changer le passé, on devrait certainement s'évertuer à éviter de le reproduire. Or, au nom de l'équité, de la diversité et de l'inclusion, l'idéologie woke commande désormais la discrimination dite positive, c'est-à-dire de favoriser les minorités visibles (ethnies, handicaps, LGBTQIA2S+...) même à compétences moindres. En fait, on va jusqu'à établir des quotas de ces minorités qu'il faut atteindre dans un temps donné.

En réalité, toute discrimination, positive ou négative, constitue une injustice. Or, commettre une injustice aujourd'hui

6. Par exemple, dans le suivi de la qualité du couvert de glace dans le cadre du programme de suivi environnemental par Hydro-Québec de la dérivation partielle de la rivière Rupert.

efface-t-il une injustice commise hier ? Poser la question, c'est y répondre.

L'idéologie woke, assoiffée d'égalité à tout prix, n'est-elle pas en train de recréer l'injustice qu'elle dénonce ? Est-il logique de justifier l'exclusion au nom de l'inclusion ?

Afin de ménager la susceptibilité des âmes sensibles de nos jeunes, un sous-produit de l'idéologie woke est né : la culture de l'annulation (ou *cancel culture* en anglais) qui est la version contemporaine d'un phénomène récurrent dans l'Histoire. Grosso modo, il s'agit de censurer auteurs et conférenciers qui osent ne pas partager la même idéologie, et cela peut aller jusqu'à brûler des livres qui illustrent des injustices passées et à déboulonner les statues de personnages impliqués dans de telles injustices. Ce retour à l'index et à l'autodafé est digne du Moyen Âge. Un vieil adage dit que celui qui ignore son passé est condamné à le répéter. Or, cette culture de l'annulation n'empêche-t-elle pas justement les jeunes d'apprendre leur Histoire ?

Bien des professeurs en sciences sociales sont en plein déni de la biologie. L'idéologie du genre prétend que le sexe est une construction sociale. Il n'y aurait pas d'hommes ni de femmes, seulement un spectre de nuances de gris de l'un à l'autre. Les tenants de cette idéologie font pression pour bannir les mots « hommes » et « femmes » des textes juridiques et les remplacer par « personnes » (ou encore « propriétaires de pénis » et « propriétaires de vagin » selon le Centre de santé des femmes de Montréal[7]). Ils demandent aussi à réformer la langue française pour en éliminer les genres.

Les dénominations de genre se sont d'ailleurs surmultipliées : bisexuel, pansexuel, asexuel, autosexuel, queer, non binaire, *genderfluid*, agenre, aromantique, demi-sexuel, graysexuel… Or, la communauté LGBTQIA2S+ regroupant toutes

7. Durocher, S. « La planète ne tourne pas rond », *Journal de Montréal*, 29 juillet 2022.

ces orientations non conventionnelles compterait pour moins de 4 %[8] de la population canadienne. Bien sûr, que les gens doivent demeurer libres de vivre leur sexualité comme bon leur semble entre adultes consentants. Toutefois, faut-il vraiment chambarder la langue française et nos textes de loi pour ménager la susceptibilité de quelques marginaux? De fait, la majorité de la communauté LGBTQIA2S+ est constituée d'homosexuels «classiques» qui assument très bien leur sexe de naissance. Le chapitre 5 traite de l'idéologie du genre et aussi de misandrie systémique, un autre fléau contemporain.

Le déni de la biologie a également un impact sur la nutrition. La mode alimentaire du véganisme a gagné beaucoup d'adeptes depuis le début du siècle. Pourtant, moult publications scientifiques dénoncent les problèmes de santé physique et mentale que peut entraîner ce régime alimentaire impropre aux besoins des prédateurs, catégorie biologique à laquelle notre espèce appartient, qu'on le veuille ou non. Hélas, le déni de la biologie est rendu une névrose bien répandue chez les millénariaux et ses conséquences débordent largement du domaine de la nutrition. Est-ce que la sélection naturelle finira par éliminer ces humains qui sacrifient leur santé pour assouvir leurs idéaux?

À l'opposé, est-il possible à l'humain de combler ses besoins nutritionnels tout en ménageant l'environnement et en évitant la cruauté animale? Si l'homme est astreint à consommer des protéines animales pour demeurer en santé, il pourrait au moins procurer au bétail des conditions d'élevage plus respectueuses. Alors que la technologie existe aujourd'hui pour abattre les animaux d'élevage sans souffrance ni conscience, on égorge paradoxalement de plus en plus les animaux pleinement conscients afin d'obtenir les certifications halal ou cachère. N'y

8. Statistiques Canada (https://www150.statcan.gc.ca/n1/daily-quotidien/210615/dq210615a-fra.htm).

a-t-il pas lieu d'interdire ces pratiques barbares issues de l'Antiquité ? Les désordres alimentaires sont l'objet du chapitre 6.

Bien sûr, les conditions de vie dans notre société moderne sont passablement plus clémentes qu'à l'époque paléolithique. Personne ne voudrait revivre à cette époque impitoyable sauf peut-être quelques intrépides qui y trouveraient une aventure digne d'intérêt pendant une semaine ou deux. Toutefois, avec la discrimination dite positive et le dénigrement de la réussite objective, ne sommes-nous pas en train de renverser le processus naturel de l'évolution et de précipiter la décadence de notre civilisation occidentale actuelle ?

En fin de compte, l'Occident commence drôlement à ressembler à l'Empire romain en déclin : retour de l'intégrisme religieux (adoption du christianisme), terrorisme (invasions barbares), pandémie COVID-19 (peste), problèmes environnementaux (intoxication aux métaux lourds), obésité, idéologie du genre (dépravation sexuelle), et la dernière, mais non la moindre, l'idéologie woke (déchéance morale). L'Occident subira-t-il le même sort que l'Empire romain et autres empires déchus ?

La couverture de ce livre représente une caricature de l'Occident d'aujourd'hui, soit à gauche un woke, non binaire, anti-loi 21 (loi québécoise sur la laïcité) et à droite, un supporteur de Trump, antivax, pro-arme et pro-vie, soit deux individus qui se traitent mutuellement d'abrutis. Quant à moi, je trouve que ce qualificatif sied tout aussi bien à l'un qu'à l'autre. En sommes-nous vraiment rendus là ?

Bref, il est grand temps que l'Occident se reprenne en main.

Manifestation contre l`avortement aux États-Unis en 2022

Faut vous dire, Monsieur, que chez ces gens-là, on ne pense pas,
Monsieur, on ne pense pas, on prie.
JACQUES BREL

1. Le retour de l'intégrisme religieux

1.1. Moralité et évolution

Friedrich Nietzsche[9] disait: «La morale est immorale». C'est d'ailleurs le titre du chapitre 14 de mon dernier essai[10] où j'explique que la bonté, la fraternité, l'altruisme et les autres belles qualités humaines ne proviennent pas de Dieu, mais bien de la sélection naturelle chez l'humain. En effet, nos ancêtres hominidés étaient des animaux grégaires et ceux qui fonctionnaient bien en tribu avaient de meilleures chances de survivre et de se reproduire que ceux qui faisaient cavalier seul, surtout en contrée froide. Or, ces qualités dites humaines sont essentielles pour bien fonctionner en société.

9. Friedrich Wilhelm Nietzsche (1844-1900), un philologue, philosophe, poète, pianiste et compositeur allemand. L'œuvre de Nietzsche est essentiellement une généalogie critique de la culture occidentale moderne et de l'ensemble de ses valeurs morales (issues de l'interprétation chrétienne du monde), politiques (la démocratie, l'égalitarisme), philosophiques (le platonisme, mais surtout le socratisme, et toutes les formes de dualisme métaphysique) et religieuses (le christianisme et le bouddhisme). *Source: Wikipédia.*

10. Gagnon, Romain. *Et l'homme créa Dieu à son image*, Éditions Stratégikus, 2019.

Le comportement moral est inné chez l'humain[11]. La notion de bien et de mal a évolué dans sa tête au fil des millénaires au même titre que ses autres fonctions cognitives. Nul n'a besoin de croire en Dieu pour distinguer le bien du mal bien que cette faculté soit fortement modulée par la culture. Dès l'âge d'un an et demi, un enfant donne spontanément des jouets, offre de l'aide et réconforte les adultes et les autres enfants en détresse[12]. Les gens de toutes les cultures distinguent le bien du mal, ont le sens de l'équité, s'entraident, imposent des droits et des obligations, estiment que les torts doivent être réparés et proscrivent le viol, le meurtre et certains types de violence[13]. Ces sentiments normaux brillent par leur absence chez les individus aberrants que nous appelons psychopathes[14].

D'ailleurs, l'homme ne détient pas le monopole de l'altruisme et autres bons sentiments « humains ». L'altruisme comporte ses avantages concurrentiels pour la survie du groupe et pas juste chez les humains; de nombreux biologistes, dont Hauser[15], Hinde[16], Hamilton[17], Ridley[18] et Zahavi[19] l'ont observé chez plusieurs animaux. Le primatologue Frans de Waal rapporte d'ailleurs de nombreux exemples de comportements moraux chez les mammifères et de reconnaissance

11. Banerjee, Konika, Bryce Huebner, Marc D. Hauser. « Intuitive Moral Judgments are Robust across Variation in Gender, Education, Politics and Religion: A Large-Scale Web-Based Study », *Journal of Cognition and Culture*, vol.10, n° 3-4, 2010.

12. Zahn-Wexler, C., M. Radke-Yarrow, E. Wagner, M. Chapman. « Development of concern for others », *Developmental Psychology*, vol. 28, n° 1, 1992.

13. Brown, D.E. *Human universals*, McGraw-Hill, 1991.

14. Lee, Y.-T., L. J. Jussim, C. R. McCauley. *Stereotype accuracy: Toward appreciating group differences*, American Psychological Association, 1995, 330 p.

15. Marc D. Hauser (1959-), biologiste états-unien de l'évolution.

16. Robert Aubrey Hinde (1923-2016), zoologiste britannique.

17. William Donald Hamilton (1936-2000), biologiste britannique de l'évolution.

18. Matt Ridley (1958-), journaliste et biologiste britannique.

19. Amotz Zahavi (1928-2017), ornithologue israélien spécialisé dans la biologie de l'évolution.

de l'injustice[20]. La littérature regorge d'histoires de chiens qui sauvent une personne des flammes ou encore de dauphins qui sauvent des marins de la noyade, et même de rats de laboratoire démontrant de l'empathie envers leurs semblables[21]. Une courte vidéo de l'Université de Chicago peut d'ailleurs être visionnée sur YouTube[22] où l'on observe le sentiment d'empathie à l'œuvre chez les rats. Si le sens moral est présent chez les animaux, n'est-il pas farfelu de prétendre qu'il provienne de la religion dans le cas de l'humain?

Les recherches de Hauser arrivent à la conclusion qu'il n'y a pas de différences statistiquement significatives entre la moralité d'un athée et d'un croyant. Toutefois, Gregory Paul[23], après avoir comparé systématiquement dix-sept nations économiquement développées, observe que «les taux plus élevés de croyance et de vénération portées à un créateur (au sens théiste) sont corrélés à des taux plus élevés d'homicides, et de mortalité des jeunes, de maladies transmises sexuellement, de grossesses et d'avortements chez les adolescentes». D'ailleurs, 19 des 25 villes où le taux de criminalité est le plus élevé aux États-Unis sont situées dans des États républicains, qui sont traditionnellement plus religieux.

Des études démontrent que les enfants élevés dans une famille religieuse sont moins altruistes[24]. En revanche, d'autres études démontrent que les adultes religieux sont légèrement plus altruistes. Toutefois, cet altruisme est dirigé

20. de Waal, Frans. *Le bon singe. Les bases naturelles de la morale*, Bayard, 1997.

21. Bartal, Iubal Ben-Ami, Jean Decety, Peggy Masson. «Empathy and Pro-Social Behavior in Rats», *Science*, n° 334, 2011.

22. https://www.youtube.com/watch?v=3jkOwYKBJEI

23. Gregory S. Paul (1954-), chercheur états-unien indépendant en sociologie et théologie et spécialiste du néolithique.

24. Decety, Jean et coll. «The Negative Association between Religiousness and Children's Altruism across the World», *Current Biology*, vol. 25, n° 22, 2015.

spécifiquement envers leurs coreligionnaires[25]. De plus, les gens religieux fondamentalistes ont plus tendance à discriminer les adeptes des autres religions[26]. Une méta-analyse menée aux États-Unis sur 22000 participants de 1964 à 2008 démontre une corrélation entre le degré de religiosité et le racisme[27]. En 2010, une autre étude sur le même phénomène a eu recourt aux amorces comportementales par stimulus subliminal. En utilisant des stimuli spécifiquement chrétiens (Bible, Évangile, Christ, Jésus, Messie, etc.) auprès d'étudiants universitaires américains de différentes ethnies, une équipe de neuropsychologues a constaté une augmentation importante d'hostilité envers les musulmans, les homosexuels et les athées[28]. Une étude impliquant pas moins de 471 scientifiques étudiant 97 conflits mondiaux couvrant 80 % de la population mondiale confirme que plus leur foi est profonde, plus les membres d'une communauté religieuse font preuve de préjugés, de discrimination et d'agressivité dans leurs relations avec les membres d'autres communautés aux valeurs différentes[29].

Des chercheurs de l'Université de Colombie-Britannique ont établi une forte corrélation entre la fréquentation du lieu de culte et la propension à mourir pour la cause religieuse ou encore la caution morale d'un attentat-suicide[30]. Selon eux, la

25. Chuah, Swee-Hoou, Robert Hoffmann, Martin Jones, Geoffrey Williams. « Do cultures clash? Evidence from cross-national ultimatum game experiments », *Journal of Economic Behavior and Organization*, vol. 64, n° 1, 2007.

26. Chuah, Swee-Hoon, Simon Gichter, Robert Hoffmann, Jonathan Tan. « Religion, discrimination and trust across three cultures », *European Economic Review*, vol. 90, 2016.

27. Hall, Deborah, David Matz, Wendy Wood. « Why Don't We Practice What We Preach? A Mew-Analytic Review of Religious Racism », *Personality and Social Psychology Review*, vol.14, n° 1, 2010.

28. Johnson, Megan, Wade Rowatt, Jordan LaBouff. « Priming Christian Religious Concepts Increases Racial Prejudice », *Social Psychological and Personality Science*, vol.1, n° 2, 2010.

29. Neuberg, Steven et coll. « Religion and Intergroup Conflict: Findings from the Global Group Relations Project », *Psychological Science*, vol. 25, n° 1, 2014.

30. Ginges, Jeremy, Ian Hansen, et Ara Norenzayan. « Religion and Support for Suicide Attacks », *Psychological Science*, vol. 20, n° 2, 2019.

fréquentation assidue des lieux de culte renforce les liens qui unissent l'individu à son groupe religieux, mais exacerbe sa xénophobie. Il s'agirait du premier ingrédient pour former un terroriste. Cependant, il faut plus qu'une solidarité de groupe pour perpétrer un attentat-suicide. Il faut aussi un discours qui cautionne moralement la violence et qui idéalise le martyr. Selon l'anthropologue évolutionniste Scott Atran, spécialisé dans les comportements violents, c'est précisément ce que la religion apporte:

> «Tout au long de l'histoire et dans toutes les cultures, la violence exercée à l'encontre des autres groupes a été unanimement invoquée par ses auteurs comme un acte sublime de vertu morale. Car sans une prétention à la vertu, il est très difficile de souhaiter tuer un grand nombre d'innocents [31]».

Ainsi les gens croyants ou religicux ne sont ni plus moraux, ni plus heureux. La science démontre clairement le lien causal entre la religion et la violence. On observe même cette relation dans la violence criminelle. En effet, une équipe de criminologues a démontré que les criminels les plus violents affichent souvent de fortes convictions religieuses[32].

Sans grande surprise, la science nous apprend également que les gens croyants ou religieux sont, en général, moins rationnels[33]. Une méta-analyse en 2016 de 35 études basées sur 15000 participants confirme d'ailleurs une corrélation négative

31. Atran, Scott. «État islamique: l'illusion du sublime», *Cerveau & Psycho*, n° 66, novembre-décembre 2014.

32. Topalli, Volkan, Timothy Brezina, et Mindy Bernhardt. «With God on my side: The paradoxical relationship between religious belief and criminality among hardcore street offenders», *Theoretical Criminology*, vol. 17, n° 1, 2012.

33. Gervais, Will, Nora Norenzayan. «Analytic Thinking Promotes Religious Disbeliefs», *Science*, vol. 336, n° 6080, 2012.

entre pensée analytique et croyance religieuse[34]. Les athées atteignaient un score moyen de 56 % à un test de pensée analytique comparé à 36 % pour les religieux. Les agnostiques et sans-religions se situaient entre les deux.

Le seul fait d'élever un enfant dans un environnement religieux aura un impact irréversible sur la structure de son cerveau et donc sur sa façon ultérieure de penser; sa pensée analytique sera moins développée, ce qui représente certainement un inconvénient dans notre société technologique d'aujourd'hui. Des études démontrent que la compréhension des sciences décroit avec l'augmentation de la religiosité[35]. Par ailleurs, l'exposition aux idées religieuses nuit fortement à la capacité de l'enfant à discerner ce qui est réel de ce qui relève de la fiction[36]. D'ailleurs, la croyance aux pseudosciences est directement proportionnelle à la religiosité[37]. Une étude canadienne réalisée à la fin du siècle dernier montre que 40 % des gens religieux croyaient également à l'astrologie, à la perception extrasensorielle, à la communication avec les morts, à la réincarnation alors que 9,7 % des gens athées ou peu religieux adhéraient à ces croyances paranormales[38]. De façon générale, toutes les croyances, qu'elles soient de nature religieuse, paranormale ou pseudoscientifique, rendent leurs adeptes

34. Pennycook, Gordon, Robert Ross, Derek Kochler et Jonathan Fugelsang. « Atheists and Agnostics are More Reflective than Religious Believers: Four Empirical Studies and a Meta-Analysis », *PloS One*, vol. 11 n° 4, 2016.

35. Paz-y-Miño, Guillermo, Avelina Espinosa. « Evolution Controversy: A Phenomenon Prompted by the Incompatibility between Science and Religious Beliefs », *The International Journal of Science in Society*, vol.7, n° 2, 2015.

36. Corriveau, Kathleen, Eva Chenb, et Paul Harris. « Judgments About Fact and Fiction by Children from Religious and Nonreligious Backgrounds », *Cognitive Science*, vol. 39, n° 2, 2015.

37. Larivée, Serge. *Quand le paranormal manipule la science*, éditions MultiMondes, 2014.

38. Orenstein, Allan. « Religion and Paranormal Belief », *Journal for the Scientific Study of Religion*, vol. 41, n° 2, 2002.

réfractaires à la méthode scientifique[39]. Voilà des arguments bien pertinents pour interdire l'enseignement de la religion avant l'âge de la majorité.

N'est-il pas ironique que le curé nous prie de lui donner de l'argent pour régler les problèmes de son église, mais nous conseille de prier Dieu pour régler les nôtres ? Croire qu'un être suprême se soucie de nos péchés et écoute nos prières est une perte de contact avec la réalité. Or, une perte de contact avec la réalité s'appelle une psychose en psychiatrie. Et comme disait le philosophe états-unien, feu Robert Pirsig[40], quand une psychose devient collective, on l'appelle une religion.

Bien sûr qu'on peut croire en une puissance supérieure et/ou en une conscience immanente de l'univers tout comme Épicure[41], Spinoza[42] ou encore Lao Tseu[43] sans mériter pour autant l'épithète de psychopathe. Il s'agit alors d'une conception panthéiste[44] de Dieu à laquelle moi-même j'adhère. Mais cela n'a rien à voir avec la conception théiste de Dieu promulguée par les principales religions, dont les trois religions abrahamiques[45].

39. Rasplus, Valéry (dir.). *Sciences et pseudo-sciences. Regards des sciences humaines*, Éditions Matériologiques, 2014.

40. Robert Maynard Pirsig (1928-2017), philosophe et écrivain états-unien, célèbre notamment pour son livre : *Traité du zen et de l'entretien des motocyclettes*.

41. Épicure (321-270 av. J.-C.), philosophe grec et fondateur de l'épicurisme, l'une des plus importantes écoles philosophiques de l'Antiquité.

42. Baruch Spinoza (1632-1677), important philosophe néerlandais d'origine portugaise.

43. Lao Tseu ou Laozi ou Lao Zi, plus communément appelé en Chine « Seigneur suprême Lao », de son vrai nom Li Er, aurait été un sage chinois et, selon la tradition, un contemporain de Confucius (environ Ve siècle av. J.-C.). Il est considéré a posteriori comme le père fondateur du taoïsme.

44. Selon cette doctrine philosophique, Dieu est tout. Elle se distingue du monothéisme en considérant que Dieu n'est pas un être personnel distinct du monde, mais qu'il est l'intégralité du monde ; cette conception est appelée l'immanence, par opposition au principe de transcendance d'un dieu créateur monothéiste. Pour les panthéistes, Dieu est aussi synonyme de la Nature. C'est une conception immanente de Dieu.

45. Juive, chrétienne et musulmane.

On peut même adhérer aux valeurs pacifiques de Jésus même si on ne croit pas à sa résurrection ni même à son existence. N'est-il pas temps que les humains agissent bien pour le bien des humains et non pour plaire à un dieu imaginaire et ainsi obtenir des indulgences?

L'humain vient au monde avec un instinct comme les autres animaux, mais aussi avec une capacité de raisonner de loin supérieure à celle des autres primates. Cet instinct inclut l'empathie, soit l'aptitude à décoder les sentiments de ses congénères et leurs intentions. Cette aptitude est essentielle pour vivre en société. Or, la supériorité de l'homme se manifeste surtout lorsqu'il s'organise en société, car à l'échelle individuelle, ses chances de survie sont plutôt minces. De plus, la vie en société permet à l'humain de développer sa capacité à raisonner par l'éducation.

Un effet secondaire indésirable de l'instinct est de prêter des intentions à son environnement physique et éventuellement à l'univers en général, d'où le phénomène de l'animisme et plus tard des croyances religieuses. Même les chimpanzés accordent des intentions aux éléments; lorsqu'un violent orage éclate, ils courent dans toutes les directions, crient et frappent les arbres avec des branches comme s'ils cherchaient à effrayer un prédateur, en l'occurrence ici, le démon de la pluie[46]. Un autre exemple est le phénomène du créationnisme (ou la pseudo-théorie du dessein intelligent) pour expliquer l'origine de la vie au lieu de la théorie de l'évolution. Il s'agit de la fable d'Adam et Ève que l'on retrouve dans le livre de la Genèse de l'Ancien Testament. De fait, il est ahurissant de constater que 46 % des habitants du pays le plus puissant de la planète croient encore à

46. Whiten, Andrew, Christophe Boesch. «La culture des chimpanzés», *Pour la science*, n° 281, 2001.

cette histoire abracadabrante[47]. Évidemment, le créationnisme n'a aucune base scientifique, ni même un semblant de bon sens. Heureusement aujourd'hui, l'éducation, surtout l'éducation scientifique, développe le sens rationnel de l'humain et réduit les effets indésirables de son instinct.

Ainsi l'on peut concevoir que des Bédouins analphabètes isolés dans le désert du Néfoud puissent croire en Allah ou encore que nos arrière-grands-parents à peine plus instruits au début du siècle dernier au Québec puissent croire au petit Jésus tout en demeurant sains d'esprit. Toutefois, croire à de telles absurdités en 2022 dans un pays occidental avec accès à l'éducation et l'Internet relève bel et bien d'une perte de contact avec la réalité et donc d'une psychose. La foi est généralement une forme bénigne de psychose, mais, quand la psychose devient maligne, le croyant devient intégriste. De la même manière, la plupart des tumeurs de la peau demeurent bénignes et donc inoffensives; mais certaines deviennent malignes et entraînent le cancer. Dans tous les cas, qu'elles soient bénignes ou malignes, les tumeurs ne sont jamais souhaitables, ni les psychoses. Et prétendre que la Bible ou le Coran ne contient que la vérité relève clairement du délire psychiatrique.

Plusieurs de nos contemporains ont évacué la foi religieuse de leur vie, mais hélas, certains ont jeté le bébé avec l'eau du bain. En effet, ils n'ont pas juste évacué la foi, mais aussi toute forme de spiritualité. Or, la spiritualité est une composante essentielle de la sérénité et incidemment, du bonheur humain. La spiritualité permet à l'humain de trouver un sens ontologique à sa brève vie sur terre.

Alors que la spiritualité est la nourriture de l'esprit humain, la foi religieuse en est la malbouffe. Certes, il vaut mieux

47. Newport, Frank. « In U.S., 46 % Hold Creationist View of Human Origins », *Gallup*. Repéré au https://news.gallup.com/poll/155003/hold-creationist-view-human-origins.aspx, 1er juin 2012.

manger des frites et boire du Coca-Cola que de jeûner. Mais l'idéal demeure toujours de se nourrir d'aliments sains. Or, la foi religieuse est tout sauf un aliment sain. Autrement dit, la spiritualité est trop importante pour la déléguer aux mollahs et aux prêtres.

En évacuant la religion sans la remplacer par une spiritualité adéquate, certaines sociétés occidentales ont ainsi créé un vide que notre société n'arrive pas à combler, une société mercantile, consumériste, superficielle, indifférente de la vertu, forte avec les faibles, faible avec les forts, obsédée par la croissance économique, obnubilée par l'image sociale et viscéralement nihiliste. En théorie, c'est la liberté pour tous; en pratique, c'est la liberté pour une minorité, alors que les autres croupissent dans la misère, la pauvreté, et l'humiliation. La mondialisation n'a pas favorisé la fraternité planétaire, mais plutôt propulsé les prédateurs de tout acabit. Or, ce vide est un terreau fertile pour le dogmatisme, soit les sectes de tout acabit, l'intégrisme religieux, l'idéalisme politique et autres délires comme le conspirationnisme discuté au prochain chapitre.

1.2. Un passé douloureux

Alors que la religion prône officiellement la bonté, la fraternité, l'altruisme et les autres belles qualités qui réunissent les hommes, les pires atrocités ont été commises au nom de Dieu. Comme le disait Voltaire:

> «Ceux qui peuvent vous faire croire à des absurdités peuvent vous faire commettre des atrocités.»

En effet, de tout temps, les dirigeants ont instrumentalisé la religion à leurs fins politiques. Aussi ne faut-il pas s'étonner que l'intégrisme religieux ait toujours fait bon ménage avec la dictature (Mussolini, Franco, Pinochet, Khomeiny...). Ainsi, la religion constitue la première cause de violence dans l'Histoire, tout comme de misogynie et d'homophobie.

Environ un million de sorcières (lire femmes instruites et émancipées ou encore femmes esthétiquement défavorisées) furent brûlées vives au cours du Moyen Âge[48]. Le tribunal de l'Inquisition instauré en 1184 par le pape Lucius III tortura puis condamna au bûcher plusieurs millions de personnes jugées hérétiques du seul fait qu'elles n'adhéraient pas entièrement à la doctrine catholique, ce nombre incluant même de jeunes enfants[49]. Les trois principaux modes de torture consistaient à disloquer les articulations des victimes, à faire rôtir lentement leurs pieds au-dessus de la braise et finalement à les remplir d'eau au point qu'elles se noient de l'intérieur[50]. Parfois, la victime était attachée à un banc, avec un chaudron rempli de souris placé à l'envers sur son abdomen nu; en chauffant le fond du chaudron, les souris s'enfuyaient en se creusant un chemin à travers le ventre[51].

Le modus operandi consistait d'abord à torturer les sorcières et les hérétiques jusqu'à ce qu'ils confessent leurs péchés. Le cas échéant, la suspicion du clergé était légitimée et, en retour, les victimes étaient gracieusement étranglées avant d'être brûlées en public. Souvent, les victimes confessaient n'importe quoi pour abréger leurs souffrances. Quand elles ne collaboraient pas, le bourreau s'assurait d'étirer le supplice en suspendant la torture à chaque fois que la victime perdait connaissance.

48. Wistrich, Robert. *Antisemitism: The Longest Hatred*, Kirkus Associates, 1992.

49. *Ibid.*

50. Loiseleur, Jules. *Les crimes et les peines dans l'Antiquité et dans les Temps modernes: étude historique*, Hachette, 1863.

51. Swain, John. *The Pleasures of the Torture Chamber*, Dorset Press, 1931.

Il a fallu attendre la bulle papale de Pie VII avant que l'Église condamne officiellement l'utilisation de la torture. Néanmoins, la dernière persécution d'hérétiques est aussi récente que 1850, au même moment où Darwin élaborait sa théorie de l'évolution. Les Jésuites firent rôtir à feu lent leurs victimes sur un bûcher au centre-ville de Mexico.

Un plus grand nombre encore de victimes moururent massacrées durant les croisades simplement parce qu'elles refusaient de se convertir au christianisme. Ces crimes contre l'humanité furent perpétrés officiellement afin d'éliminer les obstacles sur le chemin qui mène à Dieu (!) ; dans les faits, c'était un prétexte à l'expansion coloniale.

Les musulmans firent de même lorsqu'ils conquirent la Perse au VIIe siècle. Ils brûlèrent toutes les bibliothèques et toutes les archives du pays[52], car ses habitants pratiquaient le zoroastrisme, une religion monothéiste différente de l'islam. Au cours des siècles qui suivirent, les musulmans contraignirent les zoroastriens à se convertir à l'islam et massacrèrent ceux qui refusèrent[53].

Les trois religions issues de la légende d'Abraham partagent sensiblement la même histoire fantasmagorique de la Genèse et incidemment la même névrose au sujet du péché originel et des naissances dites illégitimes. Cette névrose est d'ailleurs le principal vecteur de sexisme et de violence par lequel les religions oppriment leurs fidèles. Outre les burqas et excisions de clitoris, des milliers de nourrissons ont été retirés de force de leurs mères célibataires et impures pour être confiés à des orphelinats, où ils ont subi les pires supplices. On pense immédiatement au scandale des prêtres pédérastes aux États-Unis,

52. Kevala, Dr Rustom. « Religion After the Fall of the Sassanians », *ZAMWI*, 2010.

53. Toutefois, du VIIIe au XIIe siècle, alors que le catholicisme engouffrait l'Europe dans l'âge des ténèbres, le monde arabo-musulman était à son apogée scientifique et a relayé le savoir de l'humanité de l'Antiquité à la Renaissance.

mais aussi à un groupe de religieuses dirigeant des orphelinats dans toute l'Irlande dans les années 1950 et 1960. Ces religieuses, nommées paradoxalement *Les Sœurs de la Miséricorde*, ont torturé des enfants dès l'âge de onze mois, notamment en les fouettant et les brûlant, pour «les péchés de leurs parents», c'est-à-dire le péché de leur propre illégitimité[54]. Croyez-vous qu'avec toutes les séquelles psychologiques issues d'un tel traitement, la religion a bien préparé ces jeunes enfants à vivre une vie heureuse?

Lors de son voyage au Canada à l'été 2022, le pape François a reconnu et demandé pardon pour les crimes sexuels perpétrés au siècle dernier par les membres du clergé sur des milliers de jeunes Canadiens dont notamment dans les pensionnats autochtones. Voilà une bien maigre consolation pour les victimes traumatisées encore vivantes aujourd'hui. Je me serais au moins attendu à ce que le pape profite de l'occasion pour finalement admettre que la chasteté artificiellement imposée au personnel religieux et l'ostracisation de l'homosexualité ont favorisé l'incidence de ces agressions pédophiles.

Comme le disait le regretté physicien états-unien et prix Nobel Steven Weinberg:

> «La religion est une insulte à la dignité humaine. Que ce soit avec ou sans elle, il y aura toujours des gens bien qui font de bonnes choses, et des mauvais qui font de mauvaises choses. Mais pour que des gens bien agissent mal, il faut la religion.»

Quant au regretté philosophe britannique Christopher Hitchens, il résume ainsi son opinion de la religion:

54. Harris, S. *The End of Faith*, W. W. Norton & Company, 2005.

> « La religion empoisonne tout. La religion se mêle de sexe, contrôle ce que nous mangeons et exacerbe notre propension à la culpabilité en multipliant les interdits les plus arbitraires. La religion diabolise la science, se fait complice de l'ignorance et de l'obscurantisme. Source de haine, de tyrannie et de guerres, la religion met notre monde en danger[55]. »

1.3. Le retour des ténèbres

Durant le siècle des Lumières[56], l'humanité a revu pour la première fois depuis longtemps le soleil percer à travers les nuages de l'obscurantisme religieux. Le XXe siècle a consacré la victoire de la démocratie sur le fascisme, autant celui de droite que celui de gauche. L'Internet et ses réseaux sociaux laissaient finalement croire que le XXIe siècle éradiquerait la censure et la désinformation une fois pour toutes coupant ainsi l'herbe sous le pied de tous les régimes totalitaires et répressifs de ce monde. Les progrès fulgurants de la technologie laissaient espérer que l'humain cesserait de se laisser abrutir par la religion.

Comme mentionné dans l'introduction, le féminisme a procuré un statut égal à la femme, mettant ainsi fin à des siècles de misogynie religieuse. À titre d'exemple, jusqu'en 1964, la femme mariée au Québec n'avait pas le même statut juridique que son mari et lui devait obéissance !

Ce vent de libération de la femme a même soufflé jusqu'en Iran et Afghanistan où les femmes pouvaient désormais

55. Hitchens, C. *Dieu n'est pas grand*, Belfond, 2018.

56. Le siècle des Lumières est un mouvement philosophique, littéraire et culturel bourgeois que connait l'Europe du XVIIIe siècle (de 1715 à 1789) et qui se propose de promouvoir le rationalisme, l'individualisme et le libéralisme, contre l'obscurantisme et la superstition de l'Église catholique et contre l'arbitraire de la royauté et de la noblesse, avec pour modèle la philosophie empirique, l'économie libérale et la monarchie constitutionnelle anglaise. *Source Wikipédia.*

se pavaner dans la capitale en minijupe et talons hauts. L'avortement a été décriminalisé dans la plupart des pays. Idem pour l'homosexualité.

Marx, Nietzche, Freud et plusieurs autres penseurs célèbres avaient prédit la disparition des religions au XXIe siècle, mais le temps semble leur donner tort. Qu'est-ce qui se passe? Après avoir connu le siècle des Lumières, pourquoi l'humanité voudrait-elle retourner à l'âge des ténèbres? Comme je l'explique plus amplement au prochain chapitre, l'anxiété pousse l'humain à se réfugier dans la religion. Or, la complexité de notre société d'aujourd'hui et la vitesse de notre évolution technologique expliquent en partie cette anxiété. Je crois aussi que la perte de repères induite par les idéologies woke et du genre y contribue également.

Hélas, comme déjà mentionné, les attentats du 11 septembre 2001 à New York ont consacré le retour de l'intégrisme religieux; 2977 innocents sont tués au nom d'Allah, un autre être imaginaire comme Dieu le père.

Lors du conflit entre hindous et musulmans en Inde à l'hiver 2002, le *New York Time* rapporta qu'on transperçait des mères de famille à l'épée devant leurs enfants; qu'on déshabillait des jeunes femmes en public, les violait en plein jour puis les immolait par le feu; qu'on éventrait des femmes enceintes, empalait leur fœtus au bout d'une épée puis les faisait rôtir sur un feu comme des guimauves[57]!

Mohamed Shafia, un père de famille musulman immigré à Montréal, a été reconnu coupable (avec son fils) d'avoir assassiné froidement ses trois filles et sa première femme en 2009 parce qu'elles n'adhéraient pas aux strictes prescriptions du Coran.

57. Dugger, C. W. «Religious Riots Loom over Indian Politics», *New York Times*, 27 juillet 2002; Mishra, P. «The Other Face of Fanaticism», *New York Times Magazine*, 2 février 2003.

À l'occasion du fameux Printemps arabe de 2011, les islamistes noyautèrent le gouvernement autrefois laïque de plusieurs pays arabes, astreignant ainsi leurs peuples à revivre selon des coutumes archaïques et ignominieuses. Depuis lors, tous les pays musulmans se radicalisent. En 1967, les enseignantes algériennes s'habillaient à l'occidentale; aujourd'hui, elles sont toutes voilées. En Turquie, le voile était formellement interdit dans la fonction publique depuis 1982 et sur les campus depuis 1998. Or, depuis que le nouveau premier ministre orthodoxe Erdogan a levé ces interdictions, y compris au sein de la police et de l'armée, le paysage turc s'est métamorphosé.

En 2012 et 2013, des représentants du groupe islamiste Al-Qaïda entreprirent de «purifier» l'Irak de ses habitants chiites, pourtant musulmans eux aussi. Pour ce faire, ils surgissaient aléatoirement dans les fermes chiites pour y massacrer la famille à coups de marteau et, afin d'étirer le plaisir, prenaient bien soin de commencer par les enfants pour que leurs parents contemplent le spectacle[58].

En 2015 à Paris, des terroristes islamistes attaquèrent le journal satirique *Charlie Hebdo* le jour de la sortie du numéro 1177 de l'hebdomadaire pour l'unique et futile raison qu'il présentait une caricature de Mahomet. Ils pénétrèrent dans le bâtiment abritant les locaux du journal armés de fusils d'assaut et assassinèrent douze personnes, dont huit membres de la rédaction.

Au mois de novembre de la même année, une série de sept attaques, à Paris et en périphérie, perpétrée par au moins dix terroristes avec au moins une vingtaine de complices, provoque la mort de 131 personnes et fait 413 blessés, dont 99 dans un état très grave. Les tueries sont revendiquées par le groupe islamiste Daesh. Les terroristes visaient le Stade de France où

58. Foglia, P. «Dans la cour de Khalib», *La Presse*, 19 avril 2013.

se jouait un match amical de football France-Allemagne; heureusement, le personnel de sécurité les a empêchés de pénétrer dans l'enceinte du stade. D'autres attaques ont suivi dans plusieurs rues des 10e et 11e arrondissements, où les terroristes mitraillaient des terrasses de cafés et de restaurants. L'attaque la plus longue et la plus meurtrière, comptant 90 morts, a eu lieu dans la salle de spectacle du Bataclan, où environ 1500 personnes, essentiellement des jeunes, assistaient pacifiquement à un spectacle rock. Toute cette violence était justifiée par une interprétation rigoriste du Coran selon laquelle il est péché de pratiquer un sport, écouter de la musique et même relaxer sur une terrasse.

En 2016 à Nice, le jour de la fête nationale, un Tunisien fonce dans la foule venue voir le feu d'artifice au volant d'un camion sur la promenade des Anglais, tuant 86 personnes et en blessant 458, avant d'être abattu par les forces de l'ordre. Daesh revendique cet acte.

En octobre 2020, Samuel Paty, un enseignant du lycée français est décapité par un réfugié tchétchène sous prétexte qu'il a montré une caricature de Mahomet à ses élèves de quatrième lors d'un cours d'enseignement moral et civique sur la liberté d'expression.

Outre la menace terroriste, la qualité de vie en général en prend pour son rhume avec le retour de l'intégrisme religieux. En Iran, une femme est désormais passible de coups de fouet si elle omet de porter son hijab en public, alors que la loi le lui interdisait en 1936. En 2022, la police des mœurs a même tué Mahsa Amini, une Iranienne de 22 ans en visite à Téhéran parce que des cheveux dépassaient de son hijab. En Afghanistan, les talibans ont repris le pouvoir et les femmes sont à nouveau interdites de travailler et d'étudier; elles ne peuvent plus conduire et doivent obligatoirement porter la burqa en public. Au Brunei, l'homosexualité est maintenant passible de la peine capitale. Et en France, près de 20 % des musulmans veulent imposer la burqa aux femmes, pas juste le voile; et la moitié d'entre eux sont âgés de 15 à 25 ans[59].

D'aucuns me répondront que ce n'est pas l'intégrisme religieux qui est de retour, mais l'intégrisme islamique. Hélas, le christianisme évangélique se radicalise également et aux États-Unis en particulier. C'est particulièrement inquiétant dans ce pays dont la constitution laïque était avant-gardiste à son époque.

Le Texas interdit depuis 2021 l'avortement après quatre semaines suivant la conception, alors que la plupart des femmes ignorent encore à ce stade être enceintes, et ce même en cas de viol ou d'inceste. Les contrevenants, la patiente comme son médecin, sont passibles de prison à vie[60]. La dénonciation est encouragée et même rémunérée avec une rançon de 10000 dollars, ce qui est digne du *Far West*. Cette rançon peut être réclamée à la femme avortée tout comme au médecin qui a pratiqué l'avortement ainsi que toute autre personne impliquée jusqu'à l'éventuel chauffeur de taxi qui a reconduit la femme à la clinique. Par conséquent, sont aussi à risque les employés de l'organisation Fund Texas Choice qui vient en aide aux Texanes qui n'ont pas les moyens de se rendre dans un État où l'avortement est légal.

Les tribunaux fédéraux états-uniens ont invalidé dans le passé une dizaine de lois comparables parce qu'elles violaient le droit des États-Uniennes à avorter tant que le fœtus n'est pas viable, droit reconnu dans le jugement de «*Roe V. Wade*» en 1973. Or, en juin 2022, la Cour suprême a jeté une douche

59. Larousse, V., Jérémy A. «Quel avenir pour l'islam en France?»; El Karoui, Hakim. «Il faut que les musulmans s'organisent contre l'islamisme», *Le Monde des religions*, 7 janvier 2019.

60. Thibodeau, M. «La menace de la prison à vie pour les médecins», *La Presse*, 27 août 2022.

froide sur les droits des femmes et révoqué ce jugement, à six juges contre trois, permettant ainsi au Mississippi d'adopter une loi similaire à celle du Texas.

La Cour suprême a complètement ignoré la science en rendant son jugement. Or, cette dernière est sans équivoque: l'étude Turnaway[61] aux États-Unis a clairement démontré que forcer à mener à terme une grossesse non désirée a des conséquences importantes sur la santé physique et mentale des mères. Certaines deviendront stériles en tentant de s'avorter elles-mêmes et d'autres en meurent.

Comme le Sénat n'a pas réussi à adopter un projet de loi garantissant le droit à l'avortement dans tout le pays en mai 2022, plusieurs États américains s'apprêtent maintenant eux aussi à interdire l'avortement. Plusieurs s'y préparent d'ailleurs avec enthousiasme. Un comité de la Chambre des représentants de Louisiane, a d'ailleurs présenté un projet de loi par un vote de sept contre deux, qui décrète que la vie humaine commence au moment même de la fécondation, et que toute femme qui se fait avorter de même que toute personne l'y aidant se rendent coupables de meurtre au premier degré, et sont passibles de la peine capitale. Le jeune enfant aura ainsi le privilège de contempler les convulsions de sa mère lors de l'injection létale.

Il faut s'attendre aussi à ce que de simples fausses couches suscitent la suspicion et mènent parfois à des accusations non fondées d'avortement.

L'annulation de «*Roe v. Wade*» a des implications bien au-delà du droit à l'avortement. Les fondamentalistes évangéliques blancs d'extrême droite et les nationalistes chrétiens pourraient attaquer d'autres droits dans les mois à venir. Par exemple, la Cour suprême pourrait également annuler le

61. Foster, D.G. *The Turnaway Study: The Cost of Denying Women Access to Abortion*, Scribner, 2020.

jugement «*Griswold v. Connecticut*» qui invalidait en 1965 une loi interdisant la contraception aux couples mariés, le jugement «*Lawrence v. Texas*» qui invalidait en 2003 une loi interdisant les relations homosexuelles, ou encore le jugement «*Loving v. Virginie*» qui invalidait en 1967 une loi contre le mariage interracial.

En juin 2018, la Cour suprême avait déjà partiellement donné raison à un pâtissier du Colorado qui avait refusé de confectionner un gâteau de noces pour un couple homosexuel. Depuis ce temps, la composition de la Cour a subi une transformation radicale avec la nomination par l'ex-président Donald Trump de deux magistrats très conservateurs, faisant basculer la majorité en faveur des conservateurs (six contre trois progressistes).

Entre autres, pour remplacer la juge progressiste de la Cour suprême, l'honorable Ruth Bader Ginsberg décédée la même année, le président Donald Trump a imposé en 2020 Amy Coney Barrett, une intégriste chrétienne. Cette dernière pourfend l'avortement et même la contraception. Elle appartient au groupe chrétien *People of Praise* qui enseigne qu'un mari est le chef de la famille et qu'il a autorité sur sa femme. Au sein de ce groupe, les maris sont appelés «chefs» (*heads* en anglais) et les femmes «servantes» (*handmaid* en anglais). C'est d'ailleurs cette figure féminine[62] qui a inspiré la romancière canadienne Margaret Atwood, auteure de *La servante écarlate* (*The Handmaid's Tale* en anglais), une dystopie où la droite religieuse prend le contrôle des États-Unis et les transforme en une dictature religieuse similaire à l'Iran. Cette série donne froid dans le dos.

La Cour suprême s'est également prononcée en juin sur une autre cause liée à la liberté religieuse. Il s'agit cette fois-ci

62. Issue toutefois d'une autre secte chrétienne contemporaine appelée *People of Hope*.

d'un entraîneur de football de Seattle limogé de son école pour avoir enfreint la règle laïque interdisant à un enseignant d'encourager la pratique d'une religion à l'école publique. Après chaque match, il avait pris l'habitude de s'agenouiller pour une prière au milieu du terrain, parfois rejoint par ses joueurs. Il aurait également fait pression sur ses joueurs pour qu'ils le rejoignent, au risque de ne plus être sélectionnés dans l'équipe. Or, la Cour a invalidé le licenciement de l'entraîneur. Maintenant, le danger est que la Cour, noyautée par six intégristes chrétiens, s'attaque à l'interdiction de la prière à l'école en vigueur depuis 1962.

Dans les États de la *Bible Belt* dans le sud-est des États-Unis, les églises poussent comme des champignons et exploitent sans vergogne la misère de leurs citoyens souvent ignares et obèses. Les panneaux réclames pullulent sur les autoroutes afin de recruter de nouveaux adeptes, lire victimes. Il s'agit d'entreprises fort lucratives qui instrumentalisent le désespoir de leurs ouailles. Leurs pasteurs, de fins manipulateurs, sont souvent riches, parfois même millionnaires. Évidemment, les représentants de cette frange peu édifiante de l'espèce humaine ont tous voté pour Trump en 2016.

Bref, tranquillement, mais sûrement, les États-Unis sont en train de devenir une théocratie; Thomas Jefferson doit se retourner dans sa tombe. Comme disait Baudelaire:

> «Dieu est le seul être qui, pour régner, n'ait même pas besoin d'exister.»

La force des États-Unis au siècle dernier provenait en partie de l'homogénéité relative de l'opinion politique de l'électorat alors qu'aujourd'hui, le pays semble se ségréguer. Alors que les chrétiens évangéliques se radicalisent à droite, les groupes wokes se radicalisent à gauche. L'un n'est pas plus édifiant que l'autre. D'aucuns suggèrent que cette polarisation serait insidieusement accentuée par les réseaux sociaux. Le pays connaitra-t-il une nouvelle guerre civile? Selon un sondage diffusé à l'été 2022, la majorité des États-Uniens pensent que oui[63]. Et dire que les États-Unis étaient mon pays idole durant ma jeunesse, notamment pour avoir mis fin à la Seconde Guerre mondiale, pour avoir marché sur la Lune et pour stimuler la libre entreprise.

Même la France depuis les dernières élections législatives montre des signes de cette polarisation, mais le pays en souffrira moins grâce à la structure de son système politique.

Du côté de la Russie, le taux d'athéisme est passé de 39 % à 14 % de 1991 à 2008[64]. De plus, avec l'ignoble guerre livrée actuellement à l'Ukraine et la menace d'attaquer la Grande-Bretagne à l'ogive nucléaire, le peuple russe ne donne pas sa place au palmarès de l'abrutissement humain.

1.4. Vivement la laïcité

Dieu au sens théiste est une création humaine. La Bible et le Coran ne sont pas plus saints qu'une bande dessinée d'Astérix. La Terre une poussière insignifiante dans l'Univers. L'*Homo sapiens* est juste un mammifère plus intelligent que les autres. Il n'y a ni paradis ni enfer après la mort. Les prières sont inutiles. Le juif n'a pas à se priver de succulents fruits de mer ou de côtes levées ni à mutiler le pénis de ses garçons; ni la musulmane à dissimuler ses beaux cheveux sous son hijab, se priver d'aller au cinéma ou se laisser battre par son mari; ni les conjoints hassidiques à s'accoupler à travers un drap troué; ni le musulman à se priver de bon vin, d'un bon chien, de jouer au football, ou de souffrir de la soif durant le ramadan; ni le

63. Brousseau, F. «Guerre civile?», *Le Devoir*, 29 août 2022.

64. Baril, D. *Tout ce que la science sait de la religion*, Presses de l'Université Laval, 2018.

chrétien à demeurer chaste avant le mariage ou renoncer à la masturbation; ni le témoin de Jéhovah à refuser une transfusion sanguine; ni les hindous à se baigner dans le Gange, un fleuve où flottent des étrons et des restes d'humains mal incinérés. Bref, au XXIe siècle, il est grand temps d'évoluer et de reconnaitre que la foi religieuse est une psychose. Il n'y a que les abrutis qui espèrent encore rejoindre leurs 72 vierges au paradis après s'être fait exploser dans un attentat terroriste.

Idéalement, l'humanité devrait se séculariser, c'est-à-dire s'émanciper, s'affranchir des prescriptions religieuses, rationaliser ses pratiques sociales et développer une autonomie de conscience. Cela dit, l'État ne doit pas s'immiscer dans les choix ontologiques de ses citoyens; la liberté de conscience n'est pas négociable. Alors, faute que la société se sécularise, l'État devrait minimalement se laïciser. La laïcité ne vise pas à éradiquer la religion, mais simplement à l'isoler du pouvoir et de la justice d'un pays.

Comme je le coécrivais dans le quotidien *La Presse* en novembre 2020[65] avec mon amie et ex-religieuse cloitrée, Andréa Richard, l'État doit traiter les croyants comme des fumeurs, c'est-à-dire leur procurer la liberté de fumer tout en les prévenant des dangers que cela représente pour leur santé (mentale en l'occurrence) et en les prévenant qu'ils incommodent les autres citoyens avec la fumée secondaire (lire prosélytisme).

La laïcité s'articule autour de trois grands principes:

- La **liberté** de conscience;
- La **séparation** et l'**indépendance** des institutions publiques face aux organisations religieuses;
- L'**égalité** de tous devant la loi, croyants ou non.

65. Gagnon, R., Richard, A. «Le Canada doit faire évoluer la charte», *La Presse*, 14 novembre 2020.

De tout temps, les dirigeants de gouvernements non laïques ont instrumentalisé la religion à des fins politiques et invoqué Dieu pour justifier l'injustifiable afin de mieux soumettre le peuple. Comme tout autre dogme, la religion paralyse le sens critique et rationnel de l'humain et pave ainsi la voie vers la dictature. Quand un dirigeant politique se dit redevable envers Dieu, il désavoue la démocratie. En effet, on ne peut servir deux maitres; en démocratie, le peuple est le maitre et non Dieu. S'il est une morale qu'il faut retenir de l'Histoire, c'est bien qu'un pays juste et démocratique doit tenir la religion bien loin du pouvoir politique ainsi que du système de justice. Aussi il faut se méfier de tout politicien qui invoque Dieu dans son discours, car il est un dictateur potentiel.

Certes, la tolérance et la liberté de culte sont des valeurs importantes au sein d'une société libre et démocratique, mais ces valeurs ne doivent pas empiéter sur les autres valeurs de la démocratie. Le Liban a longtemps été un modèle de tolérance religieuse pour le monde entier, mais on connait la suite. Les accommodements raisonnables ne doivent pas devenir des acrobaties sociales pour concilier l'inconciliable. De plus, il faut demeurer vigilant avec l'immigration, car accueillir un intégriste équivaut à inviter un cheval de Troie dans sa demeure. En effet, l'intégriste se sert habilement des mécanismes de la démocratie pour mieux l'infiltrer, ensuite la détruire et finalement la remplacer par un ordre religieux radical et sanguinaire – et ce processus est irréversible. Un virus détruit une cellule de la même manière. On parle bien d'un intégriste ici, et non de l'immigrant musulman typique qui, au contraire, apprécie un gouvernement laïque comme en témoigne le musulman canadien Ferid Racim Chikhi[66]; selon cet auteur pourtant croyant, imposer le hijab relève de la misogynie. Il précise bien que

66. Racim Chikhi, F. *Fenêtres sur l'Islam, ses musulmans, ses islamistes*, Bouquinbec, 2021.

l'ennemi n'est pas l'islam, mais l'islamisme, c'est-à-dire la fusion de la religion islamique et de l'État.

Il faut certes accueillir les immigrants qui fuient des régimes tortionnaires, et aussi les bons travailleurs qui rêvent d'un avenir plus radieux pour leur jeune famille. Néanmoins, tout immigrant devrait au préalable passer un test psychométrique afin de valider que ses valeurs sont compatibles avec les nôtres, dont notamment la non négociable égalité homme-femme. Il ne faut pas surestimer la capacité d'un pays démocratique à intégrer ses immigrants aux coutumes moyenâgeuses.

La Suède l'a appris à ses dépens. Réputée pour son État providence, sa bienveillance et sa qualité de vie, la Suède a accueilli des centaines de milliers d'immigrés musulmans afin de rajeunir sa démographie, mais sans aucun filtre basé sur les valeurs. Résultats: la criminalité a explosé dont notamment les agressions de jeunes filles. Le pays a atteint, en 2015, le deuxième taux de viol par habitant le plus élevé du monde[67]. Il faut croire que ces immigrants peinent à contrôler leurs instincts primaires devant une belle blonde non voilée.

Il est inconcevable qu'on laisse chez nous, au vu et au su de tous, des imams radicaux contaminer nos jeunes immigrés qui sont justement des proies vulnérables à cause de leur statut. Plusieurs jeunes Canadiens, ayant suivi les cours de l'enseignant et imam montréalais Adil Charkaoui, sont partis rejoindre l'État islamique en 2015. Faut-il s'en étonner, quand cet immigrant marocain, président du Collectif canadien anti-islamophobie, défend une vision rigoriste de sa religion, allant jusqu'à dénoncer les instruments de musique et les matchs de soccer télévisés. Au départ, nous n'aurions jamais dû laisser entrer au pays un individu affirmant que « les instruments de

67. Desrimais, D. « Immigration: l'exemple suédois ouvrira-t-il les yeux des Français? », *Causeur*, le 9 mai 2022.

musique sont plus nocifs que le vin». Une telle affirmation à elle seule démontre qu'il requiert des soins psychiatriques.

Au cours de ma carrière au Canada, j'ai embauché et soutenu professionnellement plusieurs dizaines d'immigrants, en majorité musulmans, et j'en suis fier. D'ailleurs, je dois admettre que mes employés musulmans étaient souvent plus travaillants et respectueux que leurs homologues locaux. Aussi ne faut-il pas confondre culture musulmane et islamisme ; ostraciser la première est du racisme alors qu'ostraciser le second est de la légitime défense.

Comme le dit si bien le professeur de philosophie québécois Francois Doyon, trop de tolérance revient à de l'intolérance. Ainsi, quand l'État censure les caricatures de Mahomet pour éviter d'offenser l'islam, il se fait complice de l'intolérance islamiste. Hélas, peu de chefs d'État ont le courage d'Emmanuel Macron de revendiquer le droit de blasphémer.

La liberté de conscience concerne les religions, mais tout autant l'athéisme. La liberté de conscience implique le respect de la croyance, mais aussi de la non-croyance des autres et le droit de critiquer ces croyances. Contrairement à ce que prétend la gauche régressive, critiquer l'islam ne constitue pas du racisme à l'égard des musulmans, pas plus que critiquer le nazisme constituait du racisme à l'égard des Allemands. En effet, les musulmans sont les premières victimes des archaïsmes de l'islam. Plusieurs musulmans critiquent d'ailleurs l'islam, et cette critique est saine, car elle fait évoluer l'islam. De la même manière, plusieurs chrétiens ont autrefois critiqué l'Église catholique et le font encore. Hélas, les musulmans qui osent critiquer l'islam sont souvent censurés par l'Occident comme ce fut le cas pour les militantes Nadia El-Mabrouk et Djemila Benhabib. Or, cette censure, qui est ni plus ni moins qu'une forme subtile d'intolérance, se donne comme prétexte moral de pourfendre l'islamophobie.

Malheureusement, sous ce prétexte, on évacue aujourd'hui un débat social pourtant nécessaire sur la collision entre les valeurs d'une religion vétuste et des valeurs occidentales. En fait, en s'appuyant sur ce concept étriqué d'islamophobie, on réintroduit le crime de blasphème et on reproduit une chasse aux sorcières analogue à celle qui prévalait à l'égard du communisme dans les années 1950 en Amérique. Selon mon collègue ingénieur et anthropologue français Philippe d'Iribarne, la lutte contre l'islamophobie est en fait une imposture idéologique[68].

Au Canada, la Charte des droits et libertés établit les droits et libertés de ses citoyens. Hélas, certains droits et libertés entreront toujours en conflit avec d'autres et la Charte devrait, par conséquent, prioriser les droits entre eux. Par exemple, la Charte accorde la liberté de religion (article 2), proscrit la discrimination basée sur le sexe ou la religion (article 15), et confère des droits égaux aux deux sexes (article 28). Malheureusement, la Charte ne spécifie pas clairement que la non-discrimination sexuelle a préséance sur la liberté de religion. Que faire alors quand un musulman refuse d'être examiné par une femme médecin? Ou encore quand un pharmacien refuse de prescrire la contraception orale d'urgence à une cliente en invoquant des motifs religieux comme c'est précisément arrivé à Saguenay à l'été 2022[69]?

Le travail des juges confrontés à de tels dilemmes serait facilité si les différents droits et libertés au sein de la Charte étaient clairement priorisés. Cela nous éviterait notamment des jugements choquants comme celui du juge Robert Smith de la Cour supérieure de l'Ontario qui a statué qu'un homme qui

68. d'Iribarne, P. *Islamophobie: Intoxication idéologique*, Albin Michel, 2019.

69. St-Gelais, R. «La contraception orale d'urgence refusée à une femme en raison de convictions religieuses», *Radio-Canada (ICI Saguenay–Lac-Saint-Jean)*, 3 août 2022.

forçait régulièrement sa femme à avoir des relations sexuelles avec lui n'était pas coupable d'agression sexuelle… parce que l'homme en question était musulman et que dans sa religion, les femmes sont obligées de satisfaire sexuellement leur mari[70].

Tant qu'à modifier la Charte, il faudrait aussi en profiter pour en remplacer la première phrase actuelle qui est «Attendu que le Canada est fondé sur des principes qui reconnaissent la suprématie de Dieu et la primauté du droit» par «Attendu que le gouvernement du Canada est laïque et se fonde sur des principes qui reconnaissent la primauté du droit et de la science». La définition de Dieu est trop arbitraire et variable d'un citoyen à l'autre pour servir de fondement à un quelconque jugement. De plus, comment et pourquoi reconnaitre la suprématie d'un être fictif?

Il faut envoyer un message haut et fort aux femmes musulmanes qui désirent immigrer, mais qui refusent d'enlever leur niqab lors de leur assermentation éventuelle: elles doivent choisir entre liberté et intégrisme. Aucun verset du Coran n'exige ni ne suggère le port du niqab, encore moins la burqa; il ne s'agit donc pas d'un motif issu d'une religion, mais d'une secte radicale.

Pourtant, en 2015, une jeune immigrante pakistanaise, Zunera Ishaq, a été la première musulmane à être assermentée citoyenne canadienne, le visage couvert et ce, au terme d'une âpre lutte judiciaire invoquant sa liberté de religion qui s'est rendue jusqu'en Cour d'appel fédérale. On peut s'interroger sur le véritable agenda de cette femme d'apparence modeste dont la relation avec son pays d'accueil commence avec une poursuite judiciaire alors qu'elle provient d'un pays où les droits et libertés sont des plus rudimentaires. Cette question est

70. Martineau, R. «La religion est plus forte que la loi?», *Le Journal de Montréal*, 23 octobre 2017.

d'autant plus légitime que Madame Ishaq a été bénévole pour une association liée au parti islamiste radical Jamaat-e-Islami, qui fait partie des groupes pakistanais qui réclament la mort d'Asia Bibi, cette chrétienne reconnue coupable d'avoir bu de l'eau à un puits réservé aux musulmans.

À la suite de la victoire de madame Ishaq en Cour d'appel, le gouvernement conservateur de l'époque a porté la cause en appel devant la Cour suprême du Canada. Or, quand le candide gouvernement libéral a été élu, il a retiré cet appel. La ministre de la Justice, Jody Wilson-Raybould, a même appelé personnellement madame Ishaq pour lui annoncer sa fierté d'avoir ordonné l'abandon de l'appel. Ce geste est d'autant plus incongru que, six ans auparavant, le Congrès musulman canadien avait demandé au gouvernement fédéral de bannir le port du niqab en public en alléguant que couvrir les visages des femmes représente une pratique médiévale et misogyne qui n'a rien à voir avec l'islam.

Comment peut-on bénéficier économiquement et culturellement de l'immigration tout en minimisant ses périls? Selon moi, la clef réside dans les accommodements raisonnables. Trop accommoder est aussi pernicieux que pas assez. En effet, les plus intégristes sont à la fois les plus intransigeants. Donc, en accommodant trop, l'intégriste peut plus facilement se faufiler à travers les bons musulmans. De plus, selon Karen Stenner, économiste du comportement et titulaire d'un doctorat en psychologie politique, trop accommoder amplifie la visibilité des minorités, retarde leur assimilation, attise l'insécurité populaire, exacerbe le sentiment xénophobe et nourrit l'extrême droite[71].

Le gouvernement doit rester neutre et laïque et ne peut cautionner une religion. C'est pourquoi l'État ne devrait pas

71. Stenner, K. *The Authoritarian Dynamic*, Cambridge University Press, 2005.

subventionner des écoles où l'on enseigne une religion en particulier. Il est légitime d'un point de vue culturel d'enseigner les fondements des principales religions de l'heure, mais sans en favoriser une en particulier. De plus, cet enseignement devrait se faire avec une approche anthropologique au même titre que l'on traite la mythologie grecque ou les croyances d'une tribu préhistorique.

Comme nous l'avons vu plus tôt, l'enseignement de la religion nuit au développement de la pensée analytique chez l'enfant. Comme ce dernier n'a pas encore la maturité de faire ses choix en matière de foi, il est immoral d'hypothéquer son développement cognitif, donc son avenir, seulement parce que ses parents en ont décidé ainsi. Il s'agit d'une forme de maltraitance. Par conséquent, il faut interdire à certaines communautés religieuses, dont notamment les amish et hassidim, de retirer leurs enfants de l'école pour leur enseigner elles-mêmes.

En janvier 2019, l'archevêché de Montréal a incité les parents catholiques à retirer leurs enfants des classes d'éducation sexuelle à l'école afin de protéger leur « pudeur naturelle » ! Heureusement, le premier ministre du Québec s'est tenu debout et a prestement fermé la porte à cette exemption.

Bien qu'il doive respecter les croyances de chacun, un gouvernement laïque ne devrait pas aider ou favoriser une religion ou un organisme religieux d'une quelconque manière. Par conséquent, tout avantage fiscal aux congrégations religieuses devrait être aboli.

Aucun représentant de l'État, policier, juge, procureur, professeur, fonctionnaire, gardienne de garderie, ne devrait porter de signe religieux[72]. Ainsi, permettre en 1990 aux officiers sikhs

72. Toutefois, les politiciens élus ne doivent pas être visés par cette règle parce que justement ils ont été élus.

de la Gendarmerie royale du Canada de porter le turban a été, selon moi, une erreur historique.

En 2019, le gouvernement du Québec a adopté la loi sur la laïcité de l'État (loi 21)[73] interdisant le port de signes religieux à certains employés de l'État dont les policiers, gardiens de prison, juges, procureurs de la Couronne et enseignants d'écoles publiques durant l'exercice de leurs fonctions. Un sondage CROP a alors démontré que l'adoption de cette loi a suscité un fort appui (plus de 65 %) de la population québécoise. Le gouvernement consolidait ainsi la laïcité de l'État, mais rendait aussi service aux immigrées musulmanes par la bande. En effet, il procurait aux musulmanes non consentantes le meilleur prétexte face à leur mari ou leur famille pour cesser de porter le hijab en public. Par ailleurs, il retirait le symbole le plus visible du prosélytisme islamiste qui, à tort ou à raison, crée un obstacle à leur intégration au sein de la communauté québécoise. Comme le dit si bien l'ancienne présidente du Conseil du statut de la femme au Québec, Christiane Pelchat, promouvoir la laïcité de l'État renforce l'égalité entre les citoyennes et les citoyens, et ce, malgré le discours contraire de la gauche[74].

Le lobby islamique a aussitôt contesté la loi 21 en Cour supérieure et les dizaines de millions de dollars qu'il a investis dans le procès témoignent d'un programme politique global. Et pourtant, la gauche bien-pensante et les tenants du multiculturalisme canadien les appuient naïvement dans leur croisade. En effet, le gouvernement de Justin Trudeau, viscéralement opposé à la laïcité, a manœuvré pour que le juge Marc-André Blanchard soit saisi de la cause. Comme je le coécrivais dans le quotidien *Le Nouvelliste* en février 2021[75], ce juge est non seulement un

73. Loi québécoise: https://www.legisquebec.gouv.qc.ca/fr/document/lc/L-0.3

74. https://www.ledevoir.com/opinion/idees/551300/saluons-le-choix-de-la-laicite

75. Gagnon, R., Richard, A. « Le procès de la loi 21: une boîte de pandore constitutionnelle », *Le Nouvelliste*, 24 février 2021.

ancien donateur du Parti libéral, mais en plus, il a déjà affiché ses couleurs en s'opposant en 2018 à la loi 62, laquelle exigeait que l'on se découvre le visage pour donner ou recevoir un service gouvernemental.

La plaignante officielle est une enseignante musulmane, mais en fait, vous l'aurez deviné, une marionnette du lobby islamiste. Elle affirme dans sa plainte:

> «Le hijab est une obligation de l'islam; il fait partie de moi. L'enlever est inconcevable, inimaginable.»

Or, si le hijab est une obligation de l'islam (ce qui est faux en passant), alors c'est bien sa religion qui brime sa liberté et non un règlement professionnel. En effet, plusieurs métiers ont des codes vestimentaires; par exemple, une employée catholique ne peut porter de croix au cou, ni aucun autre bijou, si elle travaille sur une chaine alimentaire (règlement du MAPAQ).

Ensuite, l'enseignement public dans une société laïque doit être basé sur la science. La pensée critique qu'on veut inculquer à nos jeunes est incompatible avec la pensée dogmatique des religions. Or, quelle image une enseignante voilée projette-t-elle à ses élèves? De plus, le hijab n'est pas un banal article vestimentaire comme la kippa juive; en effet, les origines historiques du hijab sont profondément sexistes. Comme l'enseignante est en position d'autorité morale face à ses élèves, n'est-ce pas là une façon insidieuse de conditionner nos jeunes à tolérer l'intolérable? À anéantir ainsi des décennies de lutte féministe contre le clergé catholique québécois?

Le jugement rendu en avril 2021 a reconnu que la Loi 21 violait certains droits fondamentaux des musulmanes et l'a invalidée au sein des commissions scolaires anglophones. Le gouvernement du Québec a aussitôt fait appel et le procès à la Cour d'appel devrait avoir lieu en 2022.

Depuis ce temps, huit villes canadiennes ont décidé de fournir près de 400000$ pour financer le Conseil national des musulmans canadiens, le World Sikh Organization of Canada et l'Association canadienne des libertés civiles dans leur contestation de la loi. Or, surprise, des Québécois ont saisi la Cour supérieure de justice, en Ontario, afin de faire déclarer illégal le versement de 100000 $ promis par le conseil de ville de Toronto. Un jugement en leur faveur enverrait un signal sans équivoque aux autres villes canadiennes de se mêler de leurs affaires.

La ville de Toronto accuse notamment la loi 21 d'aller à l'encontre de la Charte canadienne. Pourtant, en juillet 2022, Toronto a accueilli le congrès de la Muslim Association of Canada (MAC), une organisation qui se réclame spirituellement d'un islamiste radical, feu Hassan al-Banna, fondateur des Frères musulmans. L'un des conférenciers invités est Omar Abdelkafi, un autre islamiste radical qui prêche auprès des musulmans de ne pas serrer la main des chrétiens ni de marcher sur les mêmes trottoirs qu'eux; il appelle même à tuer les juifs. On voit bien ici que la notion de racisme du maire de Toronto est à géométrie variable.

Le Canada anglais est complètement obnubilé par son candide concept de multiculturalisme. Bien sûr, une société cosmopolite est plus riche culturellement, mais encore faut-il qu'elle partage des valeurs communes. La plupart des immigrants choisissent justement le Canada, car il ne s'agit pas (ou du moins pas encore) d'une théocratie. Or, le Canada anglais multiplie les annonces publicitaires mettant en vedette des femmes voilées afin de promouvoir l'inclusion et la diversité; ce faisant, il ne réalise pas qu'il passe l'insidieux message à la majorité des femmes non voilées qu'elles ne sont pas de bonnes musulmanes. Radio-Canada a même embauché Ginella Massa, une première chef d'antenne voilée au Canada.

Pensez-vous qu'une journaliste peut afficher un crucifix à la télévision saoudienne?

En janvier 2022, je rapportais dans le quotidien *Métro*[76] que le mois précédent, l'éminent pédiatre montréalais, Dr Sheri Emil, réagissait à une photo publiée en couverture du *Journal de l'Association médicale canadienne* (CMAJ) sur laquelle une jeune fille portait un hijab. Dans un article publié dans la même revue, intitulé «N'utilisez pas un instrument d'oppression comme symbole de diversité et d'inclusion», il faisait pertinemment valoir qu'on interdit généralement à une jeune enfant portant le hijab de faire du vélo, de nager ou de participer à d'autres activités qui caractérisent une saine enfance. On lui apprend très tôt qu'elle est un objet sexuel, et qu'elle doit cacher ses traits féminins au sexe opposé. Selon le pédiatre, un lourd fardeau de pudeur repose ainsi sur ses épaules, et plusieurs femmes ont été traumatisées par une telle éducation qui, selon lui, frise la maltraitance infantile.

Le pédiatre et la revue médicale ont aussitôt été accusés d'islamophobie. Cette dernière s'est excusée et a retiré l'article du Dr Emil, ce qui démontre l'effarante efficacité de la censure de nos jours. Pourtant, le Dr Emil a simplement émis une opinion médicale en sa qualité de spécialiste des enfants. Nous reviendrons plus en détail sur le retour de la censure préconisée par l'idéologie woke au chapitre 6.

De plus, le fédéral n'a rien retenu de cette intervention du Dr Emil. Ses récentes publicités présentent désormais même des fillettes voilées. Le fédéral fait carrément la promotion de la maltraitance infantile et se fait ainsi complice politique des islamistes dans leur croisade en sol occidental. À quand la promotion de l'excision du clitoris?

76. Gagnon, R., Richard, A. «L'accusation d'islamophobie: une arme redoutable dans une société multiculturaliste», *Métro Média*, 15 janvier 2022.

En août 2022, c'est au tour des HEC Montréal de présenter une jeune femme souriante qui arbore un hijab dans une publicité numérique pour faire la promotion de son nouveau programme de baccalauréat commun Alger-Montréal. La féministe québécoise d'origine algérienne, Leila Lesbet, a aussitôt décrié dans le quotidien La Presse[77] ce faux pas qui témoigne de l'ignorance abyssale de cette institution qui se veut ou se dit scientifique :

> « L'Algérie a une histoire sanglante avec le voile islamique et islamiste et non musulman, faut-il le rappeler. Des milliers de femmes, de jeunes filles et d'adolescentes ont été aspergées d'acide, kidnappées et violées, tuées, égorgées, éventrées, mutilées de la façon la plus barbare qui soit et c'est ce symbole, dont nous gardons les stigmates à jamais et qui font partie de nos plus douloureux cauchemars, qui est choisi par HEC Montréal. »
> [...]
> « Ce que dit HEC Montréal au pouvoir algérien à travers cette publicité décadente est que sa préférence va aux candidates voilées qui prétendent à ce programme. Et aux Algériens en général : voilez vos filles si vous voulez qu'elles soient acceptées au Québec. »

L'intégriste islamiste ne ressent aucune gêne pour diffuser sur Internet une vidéo justifiant l'obligation des femmes à se voiler alors que le citoyen moyen ose à peine soutenir ses élus quand ils défendent la laïcité de l'État. Les intégristes invoquent la liberté d'expression pour diffuser leur abjecte propagande, mais visent à instituer un régime totalitaire dont

77. Lesbet, L. « La préférence de HEC Montréal va aux femmes voilées d'Algérie », *La Presse*, 13 août 2022.

cette liberté d'expression sera justement la première victime. C'est là le talon d'Achille de la démocratie. Les islamistes n'ont d'ailleurs même pas attendu ce futur régime pour tenter d'assassiner Salman Rushdie aux États-Unis en août 2022 en représailles pour son livre *Les versets sataniques* écrit 30 ans plus tôt. C'est ce que l'on appelle une liberté d'expression à sens unique!

Forcer une femme à se voiler, explicitement ou subtilement, devrait constituer une infraction criminelle. Or, l'hérésie de voiler les femmes n'est pas exclusive à l'islam. Au début du siècle dernier au sein des pays occidentaux, la femme chrétienne devait également se voiler à l'église; heureusement, elle a réussi depuis à s'affranchir de cette coutume oppressive (sauf dans certaines églises protestantes évangéliques). Ne laissons pas l'islam anéantir des décennies de lutte féministe.

Il faut se méfier tout autant des fondamentalistes chrétiens. Ils cherchent eux aussi à nous ramener à l'âge des ténèbres. Ils invoquent le respect de la vie pour justifier leur opposition à l'avortement ainsi qu'à la contraception, mais en même temps, ils militent pour les armes à feu et la peine capitale. Aux États-Unis, un mineur est jugé suffisamment mature pour librement acheter une arme à feu, mais non une bière; est-ce logique? Je suis un chasseur et je possède moi-même plusieurs armes à feu; elles sont dûment enregistrées auprès des autorités et entreposées sécuritairement. Mais qui a besoin d'une arme automatique? À quoi va-t-elle servir puisqu'elle est interdite à la chasse? Les survivalistes répondent qu'une arme automatique est nécessaire pour se défendre contre une éventuelle insurrection armée. Dans les faits, une telle insurrection n'est pas survenue aux États-Unis depuis au moins un siècle. En revanche, il ne se passe pas une journée sans qu'un fêlé ouvre le feu sur la foule et tue des innocents, ce qui en dit long sur l'état de santé mentale de la population. De plus, la détresse psychologique engendrée par la COVID depuis deux ans n'a fait qu'exacerber davantage la situation. D'ailleurs, le nombre d'homicides par arme à feu a augmenté de 35 % en 2020 par rapport à 2019[78]. Dans le premier semestre de 2022, 308 tueries de masse sont survenues aux États-Unis faisant 10122 victimes soit plus du double du nombre de victimes civiles dues à la guerre en Ukraine[79] ! À titre d'exemple, en mai 2022, un adolescent de 18 ans s'est acheté des armes à feu et a buté 21 personnes, dont 19 enfants dans une école primaire du Texas. Dans les circonstances, est-il responsable de laisser libre accès aux armes d'assaut et armes restreintes ?

Pourtant, en juin 2022, les mêmes six abrutis de juges de la Cour suprême des États-Unis ont invalidé les lois restreignant la possession et le port d'armes à feu. Les États-Uniens ont fêté ce jugement lors du dernier jour de l'Indépendance avec une fusillade de masse tuant 7 personnes et en blessant 46 autres.

Les fondamentalistes chrétiens refusaient de porter le masque en pleine pandémie sous prétexte que Jésus les protégeait, mais alors, si tel est le cas, pourquoi ont-ils besoin d'une arme à feu ? Ne cherchez pas la cohérence dans leur cerveau. On interne des patients pour bien moins que cela.

N'allez pas croire non plus que cet intégrisme d'extrême droite est circonscrit aux États-Unis. En chaque pays occidental sommeillent de telles têtes brûlées qui rêvent de prendre le pouvoir. Nous avons eu Éric Zemmour en France. Au Canada, nous avons maintenant Pierre Poilièvre, chef du Parti conservateur. Codifions au plus vite le droit à l'avortement dans

78. Vieira, S. « La violence par armes à feu aux États-Unis en 6 graphiques », *Le Devoir*, 28 mai 2022.

79. https://fr.statista.com/statistiques/1293980/nombre-victimes-guerre-ukraine/

la loi canadienne avant que ce parti nous ramène 50 ans en arrière.

Il est grand temps de purger la religion de nos institutions politiques. Dieu n'a pas sa place dans la Charte des droits et libertés canadienne, ni la prière à la Chambre des communes, ni le crucifix à l'Assemblée nationale du Québec,[80] ni le fameux «*In God We Trust*» sur le billet vert. Nos institutions politiques devraient reposer exclusivement sur la justice et la science, cette dernière incluant naturellement la philosophie. Hélas, c'est tout le contraire qui se produit aux États-Unis, au Brésil, mais aussi au Maroc, en Iran et en Turquie.

Quant au Canada, le premier ministre actuel n'est pas à la hauteur du président de la France en termes de quotient intellectuel ni d'érudition; il n'a pas encore compris le concept de laïcité et a même promis de contester la loi 21 en Cour suprême. Sans même s'en rendre compte, il est en train de paver la voie vers la sécession du Québec.

Hélas, même si nous réussissons à rendre nos frontières hermétiques aux fous de Dieu et que nous en épurons nos sociétés, nous demeurons à risque. Nous encourons désormais toujours le risque qu'une dictature développe l'arme nucléaire et nous lance un missile. Nous vivons actuellement cette situation avec Vladimir Poutine et Kim Jong-Un, deux pervers narcissiques. Ce risque existe tout autant avec le dirigeant d'une théocratie comme l'Iran. C'est pourquoi je proposais dans le quotidien *Le Nouvelliste*[81] en mars 2022 de cesser tout échange de technologie avec une dictature, quelle qu'elle soit.

80. En 2019, la Ville de Montréal a décidé de décrocher le crucifix de la salle du Conseil municipal et le gouvernement du Québec en fait de même à l'Assemblée nationale. Dans les deux cas, le crucifix sera néanmoins conservé sur place dans un espace muséal compte tenu de sa valeur patrimoniale.

81. Gagnon, R. «À bas les dictatures», *Le Nouvelliste*, 25 mars 2022.

Des frais de douane dits humanitaires devraient être imposés sur les biens en provenance de tout État dont le gouvernement n'est pas démocratiquement élu, n'est pas laïc, et ne respecte pas des principes fondamentaux de droits et libertés. L'argent ainsi récolté devrait être versé aux organismes humanitaires au sein de ces pays qui défendent ces droits et libertés.

Manifestation contre les mesures sanitaires à Ottawa en 2022

Les réseaux sociaux donnent le droit de parler
à des légions d'imbéciles qui ne parlaient auparavant
qu'au bar après un verre de vin, sans nuire à la communauté.
Ils étaient immédiatement réduits au silence,
alors qu'ils ont désormais
le même droit de parole qu'un prix Nobel.
C'est l'invasion des imbéciles...

UMBERTO ECO

2. Le conspirationnisme

2.1. La théorie du complot

Le conspirationnisme ne date pas d'hier. La chasse aux sorcières par le clergé catholique en est un exemple tristement célèbre, où l'on accusait gratuitement de pauvres femmes marginales d'être responsables de tous les maux de la société d'antan. Cette obscure époque a légitimé des actes de torture d'un sadisme inouï.

À leur tour, des groupes liés à l'Église catholique, ont été victimes de théories du complot à travers l'Histoire comme les Templiers[82]. On accusait ces derniers de mener un complot planétaire afin de dominer le monde[83].

Des sociétés secrètes comme les francs-maçons[84] et les Illuminati[85] ont également attisé la paranoïa populaire. Elles ont notamment été accusées de vouloir ravir le pouvoir de l'Église catholique et fonder un nouvel ordre mondial. On attribue aux francs-maçons un rôle dans une panoplie d'événements historiques comme la brièveté de la bataille des Plaines d'Abraham de 1759 à Québec, la révolution française de 1848, le déclenchement de la Première Guerre mondiale

82. L'ordre du Temple est un ordre religieux et militaire issu de la chevalerie chrétienne du Moyen Âge, dont les membres sont appelés les Templiers. Cet ordre fut créé à l'occasion du concile de Troyes à partir d'une milice appelée les Pauvres Chevaliers du Christ et du Temple de Salomon. Il œuvra pendant les XIIe et XIIIe siècles à l'accompagnement et à la protection des pèlerins de Jérusalem, dans le contexte de la guerre sainte et des croisades. Il participa activement aux batailles qui eurent lieu lors des croisades et de la reconquête ibérique. « Ordre du Temple. » *Wikipédia, l'encyclopédie libre.* 22 avr. 2022, 17 h 53 UTC. 22 avr. 2022, 17 h 53 http://fr.wikipedia.org/w/index.php?title=Ordre_du_Temple&oldid=193073333

83. Giry, Julien. « Le conspirationnisme. Archéologie et morphologie d'un mythe politique », *Diogène*, n°s 249-250, 2015, p. 40-50.

84. La franc-maçonnerie désigne un ensemble d'espaces de sociabilité sélectifs qui recrutent leurs membres par cooptation et pratiquent des rites initiatiques se référant à un secret maçonnique et à l'art de bâtir. Formée de phénomènes historiques et sociaux très divers, elle semble apparaître en 1598 en Écosse, puis en Angleterre au XVIIe siècle. Elle se décrit, suivant les époques, les pays et les formes, comme une « association essentiellement philosophique et philanthropique », comme un « système de morale illustré par des symboles » ou comme un « ordre initiatique ». « Franc-maçonnerie », *Wikipédia, l'encyclopédie libre.* 13 juin 2022, 13 h 51 UTC. 13 juin 2022, 13 h 51 http://fr.wikipedia.org/w/index.php?title=Franc-ma%C3%A7onnerie&oldid=194500788.

85. Les Illuminés de Bavière ou Illuminati sont une société secrète allemande du XVIIIe siècle qui se réclamait de l'*Aufklärung* et plus généralement de la philosophie des Lumières. Cette société – mouvement éphémère de libres penseurs, rationalistes et progressistes, la mouvance la plus radicale du siècle des Lumières – a été fondée en 1776 par Adam Weishaupt, professeur de droit canonique à l'université d'Ingolstadt. Weishaupt avait l'idée de créer un ordre où le savoir serait partagé et où des connaissances ésotériques pourraient être transmises aux membres des grades les plus élevés. « Illuminés de Bavière », *Wikipédia, l'encyclopédie libre.* 13 nov. 2021, 21 h 59 UTC. 13 nov. 2021, 21 h 59 http://fr.wikipedia.org/w/index.php?title=Illumin%C3%A9s_de_Bavi%C3%A8re&oldid=187985569.

en 1914, et même l'assassinat de John F. Kennedy en 1963. Rien de moins!

Les Protocoles des Sages de Sion est un texte inventé de toutes pièces par la police secrète en Russie en 1903. Il s'agit d'un pseudo-plan de conquête du monde planifié par les juifs et les francs-maçons. Ce faux document a été traduit en plusieurs langues et est devenu aussitôt un best-seller à l'échelle internationale. Adolf Hitler l'utilisa plus tard pour dénoncer le complot juif et justifier son holocauste[86].

Mais qu'est-ce que le conspirationnisme? C'est au lendemain de la Seconde Guerre mondiale que le philosophe des sciences, Karl Popper dans son œuvre *The Open Society and Its Enemies* en propose pour la première fois une définition formelle:

«C'est l'opinion selon laquelle l'explication d'un phénomène social consiste en la découverte des hommes ou des groupes qui ont intérêt à ce qu'un phénomène se produise (parfois il s'agit d'un intérêt caché qui doit être révélé au préalable) et qui ont planifié et conspiré pour qu'il se produise.»

En termes médicaux, le conspirationnisme est un biais cognitif induit par une psychopathologie. La seconde moitié du XXe siècle a été le spectacle de moult délires conspirationnistes dont en voici quelques-uns:

Personne n'a encore marché sur la Lune

Cette théorie conspirationniste prétend que le programme Apollo est une mise en scène cinématographique de la NASA et que personne n'a encore marché sur la Lune. Les États-Unis auraient simplement cherché à épater et intimider l'Union soviétique durant la guerre froide.

86. *Wikipédia*: «Les Protocoles des Sages de Sion.» *Wikipédia, l'encyclopédie libre.* 4 juill. 2022, 10:29 UTC. 4 juill. 2022, 10 h 29 http://fr.wikipedia.org/w/index.php?title=Les_Protocoles_des_Sages_de_Sion&oldid=195059840

Le virus du SIDA a été conçu par l'armée américaine
Cette théorie conspirationniste prétend que le VIH a été créé en laboratoire par le département de la Défense des États-Unis afin de réduire la population mondiale. Ils l'auraient d'abord testé sur la population africaine avant qu'il ne se répande à travers le monde.

Lady Di a été assassinée sur ordre de la famille royale
La célèbre princesse Diana est morte tragiquement dans un accident de voiture dans le tunnel de l'Alma à Paris, en 1997. Toutefois, une théorie conspirationniste prétend qu'elle aurait été assassinée puisqu'elle devait officialiser incessamment ses fiançailles avec le milliardaire égyptien Dodi Al-Fayed, et que la famille royale ne voulait pas subir l'humiliation de la voir marier un musulman.

Le monde est gouverné par des reptiliens
Cette théorie conspirationniste prétend que des reptiles extraterrestres à l'allure humaine gouvernent secrètement notre planète. Ces « hommes lézards » agissent dans l'ombre et se nourriraient même d'humains. Plusieurs personnalités publiques sont accusées d'être des reptiliens, dont feue la reine Elizabeth II et Madonna.

Et la meilleure…

La Terre est plate
Contrairement à ce que l'on apprend à l'école, la Terre serait plate. Elle serait de plus immobile, et les autres astres tourneraient au-dessus d'elle. La science chercherait simplement à discréditer les religions en forçant le narratif d'une Terre ronde et qui tourne.

2.2. Le délire

Tant que le délire psychotique du conspirationnisme n'atteignait qu'une poignée d'hurluberlus à la fin du XXe siècle, on pouvait en rire. Hélas, au XXIe siècle, cette psychopathologie s'est propagée dans la société au point de mettre en péril la démocratie et la santé publique. Les réseaux sociaux semblent jouer un rôle clef dans la naissance et la diffusion de ce que l'on appelle maintenant communément des *fakes news*. Hélas, le citoyen lambda n'est pas apte intellectuellement à distinguer sur Internet les informations fondées des informations mal fondées[87].

Le complot du 11 septembre 2001

La première théorie du complot de notre siècle a été instiguée par un écrivain français, Thierry Meyssan, dans son ouvrage *L'Effroyable Imposture* publié au lendemain des attentats du 11 septembre 2001. Ce best-seller en France (164 100 exemplaires) a été traduit en 28 langues. L'auteur y prétend que les attentats sont en réalité une mise en scène montée par le complexe militaro-industriel (CMI) et non un commando-suicide du groupe terroriste islamique Al-Qaïda. Or, 6 % des Français adhèrent à cette fiction[88].

87. Chomsky, N., Herman, E., *Manufacturing Consent, The Political Economy of the Mass Media*, Pantheon Books, 2002.

88. de Montvalon, J-B. « Les théories du complot bien implantées au sein de la population française. » *Le Monde.fr*, Le Monde, 7 jan. 2018, https://www.lemonde.fr/societe/article/2018/01/07/les-theories-du-complot-bien-implantees-au-sein-de-la-population-francaise_5238612_3224.html.

La théorie du grand remplacement

Cette théorie conspirationniste, issue de l'extrême droite française dans les années 1970, a été récupérée aux États-Unis par Steve Bannon, l'un des artisans du *trumpisme*. Selon cette théorie, certaines politiques d'immigration seraient intentionnellement mises en place pour remplacer la population de souche d'un pays. Cette manœuvre servirait notamment aux États-Unis à remplacer l'électorat blanc par des immigrants racialisés plus favorables au Parti démocrate. Hélas, un États-Unien sur trois adhère à cette théorie conspirationniste, selon un récent sondage de l'Associated Press–NORC Center for Public Affairs Research alors qu'en réalité le pic historique de néo-Américains a été atteint en 1890 (14,8 %)[89].

Le «Pizzagate»

Cette théorie conspirationniste concoctée durant l'élection présidentielle américaine de 2016 prétendait que John Podesta, l'ancien directeur de campagne d'Hillary Clinton dirigeait un réseau de pédophilie, que les Clinton étaient eux-mêmes pédophiles, et que Madame Clinton prenait plaisir dans ses loisirs à violer de jeunes enfants, les assassiner puis les hacher en morceaux. La pizzéria Comet Ping Pong à Washington était prétendument le quartier général du réseau pédophile, d'où le nom de la théorie. Cette dernière, aussi loufoque soit-elle, s'est répandue comme une trainée de poudre au sein de la prude Amérique et a eu un effet désastreux sur la campagne des démocrates. D'aucuns croient que cette vile campagne de désinformation a dûment été orchestrée par l'extrême droite américaine et a permis au despote Donald Trump de devenir

89. Snow, A. «1 in 3 fears immigrants influence US elections: AP-NORC poll» APnews.com, *AP News*, 9 mai 2022. https://apnews.com/article/immigration-2022-midterm-elections-covid-health-media-2ebbd3849ca35ec76f0f91120639d9d4

le 45e président des États-Unis bien que Madame Clinton ait recueilli davantage de votes (2 % de plus).

QAnon

Cette mouvance d'extrême droite inspirée de la théorie précédente prétend que Donald Trump mène la guerre contre une élite, le « Deep State », qui contrôle secrètement le gouvernement, les milieux financiers et Hollywood. Cette élite commettrait des crimes pédophiles, cannibales et sataniques. Notamment, elle abuserait de jeunes enfants et soutirerait leur sang pour en extraire une substance qu'elle considère comme une cure de jouvence, l'adrénochrome.

Selon le *New York Times*, 15 % des États-Uniens croiraient à de telles inepties[90]. La Russie de Poutine a donc profité de ce délire pour manipuler l'opinion publique et ainsi favoriser le candidat Trump durant l'élection américaine de 2016. En effet, l'Internet Research Agency (IRA), une organisation russe de propagande et de désinformation a massivement relayé des contenus QAnon sur les réseaux sociaux durant la campagne[91]. La preuve reste à faire que l'organisation politique de Trump a elle-même été complice de cette manipulation.

Depuis l'élection de 2016, les principales plateformes de réseaux sociaux, notamment YouTube, Facebook et Twitter, ont banni QAnon. Cela a forcé le groupe à migrer vers des plateformes moins modérées, notamment Telegram, Gab et Truth Social, la nouvelle plateforme de Trump.

90. Russonello, G. « QAnon Now as Popular in U.S. as Some Major Religions, Poll Suggests », nytimes.com, *The New York Times*, 12 août 2021, https://www.nytimes.com/2021/05/27/us/politics/qanon-republicans-trump.html

91. Menn, J. « Russian-backed organizations amplifying QAnon conspiracy theories, researchers say », reuters.com, *Reuters*, 24 août 2020, https://www.reuters.com/article/us-usa-election-qanon-russia-idUSKBN25K13T

Plusieurs adeptes de QAnon ont poussé leur délire psychotique jusqu'à l'homicide. L'un d'eux a même tué ses deux enfants parce qu'il croyait qu'ils avaient de l'ADN de serpent!

Fait assez inquiétant, Trump qui envisage une nouvelle candidature à la présidence se rapproche de ce mouvement conspirationniste. Il a utilisé une chanson de QAnon dans l'une de ses vidéos de campagne et lors de plusieurs rassemblements. Il a même publié une photo de lui-même portant une épinglette Q avec les mots «La tempête arrive». Dans la mythologie de QAnon, la «tempête» fait référence à sa victoire finale, alors qu'il reprendrait le pouvoir et que ses adversaires seraient jugés, et exécutés, en direct à la télévision.

De plus, plusieurs livres ont été écrits comparant Trump au messie![92] Rien de moins.

Stop the Steal

Joe Biden a remporté l'élection présidentielle de 2020, mais plus d'un an plus tard, 68 % des républicains pensent toujours que l'élection a été «volée» à Donald Trump[93]. Pourtant, tous les recomptages et enquêtes convergent dans le même sens: il n'y a aucune trace de fraude. Au nom de cette supercherie, Trump a quand même incité des milliers d'émeutiers radicaux à prendre d'assaut le Capitole le 6 janvier 2021 afin de tenter de bloquer la certification des résultats du vote du collège électoral et la victoire de Biden. Ce coup d'État raté, à côté duquel le Watergate paraît inoffensif, a coûté la vie à cinq personnes.

92. Voir par exemple, Müller, H., *President Donald J. Trump, The Son of Man – The Christ*, Outskirts Press inc, 2022 et Phoebe, C., *Donald 'MESSIAH' Trump: The Man, the Myth, the Messiah?* American Freedom Publishing, 2017.

93. Byler, D. «Why do some still deny Biden's 2020 victory? Here's what the data says.», washingtonpost.com, *The Washington Post*, 10 novembre 2021, https://www.washingtonpost.com/opinions/2021/11/10/why-do-some-still-deny-bidens-2020-victory-heres-what-data-says/.

En passant, Ginni Thomas, la femme de Clarence Thomas, l'un des six juges abrutis de la Cour suprême dont je parlais au chapitre dernier, est une militante active de ce mouvement conspirationniste.

En maintenant la plus répandue des théories conspirationnistes du XXIe siècle...

Le complot de la COVID-19

La pandémie de la COVID-19 est apparue en novembre 2019 en Chine puis s'est répandue dans le monde entier. Dès mars 2020, l'OMS a demandé des mesures de protection essentielles pour prévenir la saturation des services de soins intensifs et renforcer l'hygiène préventive. Le gouvernement de chaque pays a alors imposé à la population sa version de mesures sanitaires. Celles-ci variaient en durée et en intensité d'un pays à l'autre, mais l'éventail des mesures se résumait essentiellement au confinement forcé, au couvre-feu, au télétravail, à l'école à distance, au port du masque médical en public, à la désinfection des mains et éventuellement à une vaste campagne de vaccination.

Le coronavirus SARS-CoV-2 n'était pas connu; différents vaccins ont dû être développés et commercialisés en catastrophe. Aucune étape n'a été sautée, mais la coopération internationale, l'influx monétaire sans précédent, et la simultanéité de certaines étapes ont accéléré le processus habituel. Au départ, les mesures sanitaires étaient plus sévères par prudence; puis elles se sont allégées au fur et à mesure que la communauté scientifique se familiarisait avec le virus, et que la population se vaccinait et/ou développait, espérait-on, une immunité collective. Le virus a aussi muté dans le temps, donnant lieu à plusieurs vagues successives de contagion et conséquemment de mesures sanitaires.

Nos dirigeants ont-ils commis des erreurs dans leur gestion de la pandémie ? Certainement. Mais la politique est une profession ingrate qu'il est toujours facile de juger a posteriori. Personne n'avait d'expérience avec la COVID-19. Néanmoins, sauf pour le Brésil et les États-Unis, j'estime que nos dirigeants occidentaux s'en sont bien tirés.

Les personnes âgées, obèses ou encore avec une santé précaire, étaient plus vulnérables. Dans plusieurs cas, la pandémie n'a que devancé une mort imminente ; toutefois, plusieurs ainés sont décédés dans des conditions pitoyables et loin de leurs proches. Néanmoins, les victimes de la COVID-19 comptent également des jeunes préalablement en pleine santé, ainsi qu'une troisième catégorie ignorée dans les statistiques : des patients qui sont décédés d'une autre cause faute d'avoir eu accès à temps à des soins compte tenu de l'engorgement du système médical. À l'été 2022, la pandémie avait déjà causé plus de six millions de décès dans le monde. Les taux de surmortalité, c'est-à-dire la comparaison du nombre total de décès observés lors d'une période de crise à celui auquel on aurait pu s'attendre normalement, varient d'un pays à l'autre à cause de différents facteurs, dont le taux de vaccination. Au Canada, en France, et aux États-Unis, le nombre de décès per capita est respectivement de 0,1 %, 0,2 % et 0,3 %[94].

Le vecteur de transmission privilégié du virus s'est avéré de fines gouttelettes d'eau en suspension dans l'air. Une ventilation inadéquate était donc un facteur de contagion déterminant. Le port du masque a partiellement contré ce facteur, mais de façon imparfaite ; en fait, le masque protégeait davantage autrui que soi-même.

94. « Template: COVID-19 pandemic data », *Wikipédia, l'encyclopédie libre*. 31 mai 2022, 10 h 29 UTC, https://en.wikipedia.org/wiki/Template:COVID-19_pandemic_data

Les vaccins développés (principalement par Pfizer, Moderna et AstraZeneca) n'immunisent pas contre la maladie, mais en réduisent significativement les symptômes. Leurs effets secondaires sont rares (moins de 0,01 % d'effets graves au Canada[95]). Au début de 2022, au Québec, la probabilité de mourir de la COVID-19 pour une personne non adéquatement vaccinée était 19 fois plus élevée que chez une personne adéquatement vaccinée[96].

De plus, les vaccins diminuent la contagiosité du virus. Donc, même les citoyens qui estimaient leur système immunitaire invulnérable au virus avaient le devoir moral de se faire vacciner afin de freiner la contagion et ainsi diminuer le nombre de victimes chez les plus faibles, dont les ainés.

À la lumière de ces données, on se serait attendu à ce que toute personne raisonnable obtempère aux consignes sanitaires et vaccinales de son gouvernement. Malgré cette évidence, seulement 83 %, 78 % et 67 % des citoyens sont entièrement vaccinés au Canada, en France et aux États-Unis respectivement. Or, ces taux de vaccination sont en corrélation inverse avec les taux de mortalité présentés plus haut.

Il n'existait aucune justification rationnelle pour refuser d'être adéquatement vacciné. C'était non seulement dangereux pour soi, mais aussi pour les autres. Étant amateur de sports extrêmes, je suis mal placé pour faire la morale aux gens qui prennent des risques. Toutefois, il existe deux différences majeures ici:

1. Quand je pratique, par exemple, l'escalade traditionnelle, je prends un risque objectif, mais calculé et j'en

95. «Effets secondaires signalés après la vaccination contre la COVID-19 au Canada», *santé-infobase.canada.ca*, *Santé Canada*, 31 mai 2022: https://sante-infobase.canada.ca/covid-19/securite-vaccins/

96. Normandin, P.A., Carrier, L. «Les non-vaccinés plus à risque de décès», *La Presse*, 8 janvier 2022, https://www.lapresse.ca/covid-19/2022-01-08/les-non-vaccines-plus-a-risque-de-deces.php.

tire un grand plaisir. De plus, ce sport est excellent pour maintenir la forme (... sauf en cas de chute). En revanche, éviter le vaccin n'apporte aucun bénéfice.

2. Quand une cordée pratique l'escalade traditionnelle, elle ne met personne d'autre en danger. En revanche, bouder le vaccin est égoïste et socialement irresponsable.

Nul n'avait besoin d'un doctorat en virologie pour comprendre la pertinence du vaccin durant la pandémie. Or, chez certains, le conspirationnisme a réussi à affecter leurs fonctions cognitives au point de refuser le vaccin.

La théorie du complot la plus souvent invoquée est celle d'une collusion entre les gouvernements et l'industrie pharmaceutique. Dans sa forme la plus bénigne, plusieurs (55 % de la population française[97]) croient que cette collusion sert à cacher les effets secondaires du vaccin. D'autres croient carrément à une conspiration mondiale des gouvernements pour s'enrichir aux dépens de la santé de la population. Plusieurs conspirationnistes nient l'existence même d'une pandémie, et ce, malgré les six millions de décès qu'elle a causés.

L'une des théories complotistes les plus loufoques que j'ai entendue prétend que le réseau de télécommunication 5G est responsable de la pandémie du coronavirus. Une autre prétend que le vaccin injecte dans le sang des nanoparticules qui seront par la suite activées à distance par le réseau 5G permettant ainsi à Bill Gates de prendre le contrôle de l'humanité. Finalement, une autre prétend que le bout de métal qu'on retrouve dans un masque chirurgical et qui lui permet d'épouser

97. Danblon E., Nicolas L. « Les rhétoriques de la conspiration », *CNRS éditions*, 2019, p. 239-241

la forme du nez serait en réalité une antenne 5G permettant aux gouvernements de suivre leurs citoyens à la trace.

Ces théories du complot font peut-être sourire un citoyen sain d'esprit, mais en ont poussé plusieurs autres à vandaliser des centaines de tours 5G à travers l'Occident. Par exemple, en France, un homme a été trouvé coupable d'avoir saboté à lui seul 26 antennes-relais 5G afin de « sauver la population vaccinée » qui autrement allait mourir à l'Halloween. Lors de son procès, il a invoqué que Dieu lui-même l'avait intimé de passer à l'acte et a cité la Bible à plusieurs reprises[98]. Voilà une autre démonstration que la maladie mentale, ici la schizophrénie, cohabite fréquemment avec la foi religieuse.

Parlant de foi religieuse, de nombreux curés, imams et rabbins à travers le monde ont invoqué leur foi pour refuser le vaccin... et sont décédés du coronavirus. Ils prétendaient pourtant que Dieu les protégeait ! Plus illuminé que ça, tu meurs... et plusieurs d'entre eux sont effectivement morts.

Je n'ai aucune pitié pour les militants antivaccins qui sont décédés du coronavirus ; la sélection naturelle a fait son boulot. Cependant, je suis atterré devant les centaines de milliers de Brésiliens et d'États-Uniens décédés parce que leurs dirigeants respectifs se sont longtemps opposés aux mesures sanitaires. La foi religieuse de Bolsonaro le privait de la pensée rationnelle, pourtant essentielle à tout dirigeant politique aux prises avec une telle situation de crise sanitaire. Quant à Trump, c'était davantage un calcul politique qu'une réelle profession de foi ; il devait plaire à sa base électorale, les évangélistes chrétiens qui s'opposaient à la fermeture temporaire des églises. Les deux devraient être jugés pour crimes contre l'humanité

98. Louvet, S. « Anti-vaccin, il sabote 26 antennes 5G pour "sauver la France" des complots du Covid-19 », *ActuParis*, 23 septembre 2021, https://actu.fr/ile-de-france/paris_75056/anti-vaccin-il-sabote-26-antennes-5g-pour-sauver-la-france-des-complots-du-covid-19_45106451.html

et emprisonnés. Dans le cas de Trump, il risque fort de finir en prison d'ici la fin de l'année, mais pour d'autres raisons.

2.3. Le diagnostic

Comme je l'écrivais dans la revue *Métro*[99] en décembre 2020 alors que les géants de l'industrie pharmaceutique commençaient à distribuer leurs vaccins, les Occidentaux pensaient qu'un an plus tard, la COVID-19 ne serait plus qu'un mauvais souvenir. Tel qu'anticipé, nous sommes rendus, deux ans plus tard, au quatrième vaccin et la pandémie a fait plus de victimes durant le premier semestre de 2022 que l'année 2021 au complet[100]. Malgré tout, les gouvernements ont abandonné la plupart des mesures sanitaires.

C'est toujours facile de critiquer les décisions des politiciens a posteriori, surtout devant l'inconnu, mais toute personne raisonnable doit admettre que, mis à part les abrutis de Trump et Bolsonaro, nos chefs d'État occidentaux se sont comportés de façon responsable dans les circonstances. Et pourtant, nous avons assisté au délire de certains concitoyens décrit à la section précédente. Que s'est-il passé au juste dans leur cerveau?

Tel que discuté au chapitre précédent, l'humain vient au monde avec un instinct comme les autres animaux, mais aussi avec une capacité de raisonner. Ainsi, deux systèmes de pensée coexistent en chacun de nous: un système intuitif ancestral et un système analytique plus récent[101]. On retrouve le premier système également chez les autres mammifères; il est

99. Gagnon, R. «COVID: On n'est pas sorti de l'auberge», *Métro Média*, le 31 décembre 2020.

100. Girard-Bossé, A., Normandin, P.-A. «Déjà plus de morts qu'en 2021», *La Presse*, le 5 juillet 2022.

101. Kahneman, D. *Système 1/Système 2: Les deux vitesses de pensée*, Flammarion, 2012; Sloman, S.A. "Two systems of reasoning" in T. Gilovitch, D. Griffin, D. Kahneman (ed.), *Heuristics and Biases*, Cambridge University Press, 2002.

plus rapide, mais moins sophistiqué. Le second est apparu plus tard dans l'histoire de l'évolution et se développe davantage avec la scolarité.

Les deux systèmes sont essentiels, même encore aujourd'hui. Les nouvelles idées scientifiques proviennent notamment du système intuitif; toutefois, le système analytique est essentiel afin de filtrer les fausses bonnes idées. Durant l'enfance, le système intuitif est prédominant; puis avec les années, le système analytique prend le dessus.

Les personnes saines d'esprit utilisent adéquatement et conjointement leurs deux systèmes de pensée. Une personne trop analytique manque d'inspiration et de créativité. Une personne trop intuitive manque de réflexion et peut en venir à développer une pensée magique, c'est-à-dire adhérer à des croyances (religieuses ou non), des superstitions, ainsi qu'à l'ésotérisme, l'astrologie, la clairvoyance, la télékinésie, la télépathie et autres phénomènes paranormaux; elle peut même développer des peurs irrationnelles, de la paranoïa, voire de la schizophrénie.

Personne n'est complètement dénué de pensées magiques, même pas les chercheurs scientifiques; celles-ci incluent les porte-bonheurs, les reliques, les rituels, l'aversion contre le chiffre 13, et bien d'autres phénomènes irrationnels bénins. Cependant, chez les croyants, la pensée intuitive prend trop de place – et c'est d'autant plus vrai chez les intégristes. Chez ces derniers, la pensée analytique est au service de la pensée intuitive et cette dernière peut pousser la personne à commettre des actes irrationnels comme un attentat terroriste.

Tout être humain est à la recherche de sens dans la vie et tolère mal l'ambiguïté. Or, la croyance soulage justement cette anxiété. Toutefois, le niveau de tolérance à l'ambiguïté est très variable d'un individu à l'autre, tout comme la pensée intuitive et, conséquemment, le besoin de croire[102]. Ce niveau de tolérance dépend de plusieurs facteurs psychologiques, dont notamment la santé mentale de l'individu, son estime de soi, ses traumatismes d'enfance[103], etc. De façon générale, les personnes bien dans leur peau ont une meilleure tolérance à l'ambiguïté. C'est pourquoi le prosélytisme religieux est si efficace auprès des personnes malheureuses ou aux prises avec des problèmes de consommation.

L'équilibre entre la pensée intuitive et la pensée analytique varie aussi dans le temps chez un même individu en fonction du stress psychologique qu'il subit, et/ou de son sentiment de perte de contrôle[104]. En effet, la pensée intuitive a tendance à prendre le dessus en situation de stress ou de sentiment de perte de contrôle et conséquemment, la tolérance à l'ambiguïté diminue.

Hélas, la pensée magique induite par la pensée intuitive induit toutes sortes de biais cognitifs, dont le plus répandu est la foi religieuse. Comme l'instruction favorise la pensée analytique au détriment de la pensée intuitive, on devrait s'attendre à ce que les gens moins instruits soient plus croyants et c'est précisément le cas. Alors que 90 % des États-Uniens croient en un être surnaturel, 93 % des scientifiques élus à la National Academy of Sciences sont athées[105]. Toutefois, cette étude démontre également que les scientifiques croyants, bien que rares, existent. Ainsi donc, même chez des gens dont le métier exige une pensée analytique, certains biais cognitifs liés à la pensée intuitive peuvent se faufiler.

102. Hicks, J.A. et coll. « Positive Affect, Intuition, and Feelings of Meaning », *Journal of Personality and Social Psychology*, 98(6), 2010, pp. 967-979.

103. Irwin, H.J. « Belief in the paranormal : A review of the empirical literature », *Journal of the American Society for Psychical research*, 87(1), 1993, pp. 1-39.

104. Keinan, G. « The effects of stress and desire for control on superstitious behavior », *Personality and Social Pathology Bulletin*, 28(1), 2002, pp.102-108.

105. Larson, E.J., L. Witham. « Leading scientists still reject God », *Nature*, vol. 394, n° 313, 1998.

La pensée intuitive peut aussi induire des pathologies plus graves comme des hallucinations auditives ou visuelles. Certains croyants affirment que Dieu leur parle. D'autres développent de faux souvenirs de révélation. Une version plus bénigne de ce trouble est l'apophénie, soit une altération de la perception menant à attribuer du sens à des événements qui n'en ont pas ou encore à établir de fausses relations causales entre événements aucunement reliés. Comme un sain équilibre entre la pensée intuitive et la pensée analytique repose sur le bien-être psychologique de l'individu, on peut facilement concevoir qu'un stress externe comme, justement, une pandémie mondiale, avec toutes ses conséquences, puisse engendrer de l'apophénie. Et c'est effectivement le cas[106].

Comme détaillé précédemment, nous avons entendu notre lot d'inepties durant la pandémie. Que des gens ignares sur le plan scientifique accouchent de théories fantaisistes au sujet des vaccins n'est pas si surprenant. Toutefois, les gens avaient autrefois l'humilité de se taire et d'accepter les explications de la communauté scientifique, même sans avoir l'intelligence ou la scolarité pour les comprendre. Au siècle dernier, la population respectait la science et les scientifiques. Aujourd'hui, cette proportion de la population est tout aussi ignorante qu'autrefois, mais elle ignore désormais qu'elle est ignorante.

Le convoi de la liberté au centre-ville d'Ottawa en février 2022, diffusé à travers le monde, n'avait rien de très édifiant intellectuellement pour le pays. Le premier ministre Trudeau a eu raison d'y mettre fin en invoquant que la science devait prévaloir sur le dogme; et il l'a fait « à la canadienne », c'est-à-dire sans effusion de sang. Je suis fier de mon pays pour cela.

106. Whitson, J.A., Galinsky, A.D. « Lacking control increases illusory pattern perception? », *Science*, 32, 2008, p. 115-117.

La société a toujours comporté son lot d'analphabètes, mais hélas, je constate comme le psychologue français Thierry Ripoll[107], que la science a perdu en popularité et en notoriété, ce qui explique la méfiance qu'elle suscite désormais, tout particulièrement chez les complotistes[108].

De plus, la mode actuelle est au relativisme (et aussi au constructivisme comme nous le verrons dans les derniers chapitres). Cette mode provient des sciences humaines où plusieurs opinions peuvent se contredire et demeurer intellectuellement valables. En revanche, en sciences appliquées, il n'y a qu'une seule bonne réponse; 2 et 2 égalent 4, autrefois, maintenant et pour toujours. La communauté scientifique peut certes ignorer la bonne réponse, mais cette dernière demeure unique. Alors, quand deux individus se contredisent sur une question médicale, l'un des deux a forcément tort, peut-être même les deux.

Que des gens peu éduqués rivalisent en justifications abracadabrantes pour s'opposer aux mesures sanitaires est une chose, mais comment expliquer ce phénomène chez des gens érudits, voire scientifiques? On démolit rapidement les arguments pseudo-scientifiques d'un décrocheur scolaire qui a déserté l'école à 15 ans, mais il en est autrement avec un diplômé universitaire, a fortiori de formation médicale. D'autant plus déroutant est le médecin antivax qui habille ses arguments fallacieux avec des idées apparemment scientifiques. Le politicien moyen se retrouve bien démuni pour argumenter avec un tel sophiste, à plus forte raison le commun des mortels. Ces scientifiques qui perdent la tête deviennent de dangereux vecteurs de déstabilisation sociale. C'est pourquoi la communauté

107. Ripoll, Thierry. *Pourquoi croit-on?* Éditions Sciences Humaines, 2020.

108. Lewandowski, S. et coll. «The role of conspiracist ideation and worldviews in predicting rejection of science», *PLoS ONE 8(10): e75637*, 2013.

scientifique a dû sévir contre eux. Par exemple, en France, le Conseil national de l'Ordre des médecins a porté plainte contre plusieurs de ses membres dont Christian Perronne, Martine Wonner, Louis Fouché, Luc Montagnier, Peter El Baze, Vincent Reliquet, Antoine Venault, Laurent Montesino, Hélène Bouscal, François-Xavier Richez, Denis Agret… et le plus psychosé du lot, Didier Raoult, pourtant autrefois un éminent microbiologiste.

Maintenant la grande question : qu'est-ce qui pousse au délire scientifique un individu dont la carrière repose justement sur la pensée analytique ? Mon humble explication est l'apophénie engendrée par la détresse psychologique elle-même engendrée par la pandémie. Cette détresse psychologique encore largement sous-estimée fera couler beaucoup d'encre. Par exemple, une étude révèle qu'aux États-Unis, les tentatives de suicide ont augmenté de plus de 50 % chez les adolescentes durant la crise de la COVID[109]. De plus, selon Statistique Canada, 61 % des Canadiens âgés de 18 à 49 ans jugeaient que leur état psychologique était sain avant la pandémie alors que cette proportion a chuté à 51 %[110] durant la pandémie.

La population a souffert des conditions sanitaires et la communauté scientifique n'a pas été épargnée ; en fait, avec la pagaille induite par la pandémie dans la plupart des hôpitaux, le personnel médical a probablement écopé encore davantage. Whiston et Galinsky ont déjà démontré en 2008[111] que le sentiment d'absence de contrôle augmentait la fréquence des

109. Portevin, C. « Aux États-Unis, les tentatives de suicide des adolescentes ont explosé pendant la pandémie », *Slate France*, 14 juin 2021, http://www.slate.fr/story/210776/tentatives-suicide-adolescentes-etats-unis-exploser-pandemie

110. Fiola, É. « La santé mentale des Canadiens s'est dégradée dans tous les groupes d'âge », *La Presse*, 8 juin 2022, https://www.lapresse.ca/actualites/sante/2022-06-08/donnees-de-statistique-canada/la-sante-mentale-des-canadiens-s-est-degradee-dans-tous-les-groupes-d-age.php.

111. Whiston, J.A., Galinsky, A.D. *op.cit.*

interprétations complotistes. Cela expliquerait peut-être pourquoi 13 % des travailleurs de la santé croient à un lien entre le coronavirus et la technologie 5G, comparativement à un taux de 6 % au sein de la population générale[112].

Hélas, l'éducation scientifique n'est pas un rempart contre la maladie mentale. Le conspirationnisme est une psychose et par définition de la psychose, le patient est en déni face à sa maladie mentale. Ce déni apparaît d'autant plus crédible quand le patient est lui-même un professionnel de la santé.

Il ne faut pas se surprendre non plus que le conspirationnisme soit particulièrement populaire auprès des praticiens de médecines dites alternatives comme les ostéopathes, les chiropraticiens et surtout les naturopathes. Une thèse de maitrise en anthropologie a même été réalisée sur le phénomène[113].

Il est bien connu aussi que la crainte de la mort stimule la propension à la religiosité[114]. Les réactions à la pandémie ont varié d'un individu à l'autre, mais nous avons tous, à différents degrés, craint de mourir à un moment ou à un autre. Par conséquent, plusieurs croyants ont renforcé leur foi durant la pandémie; c'est notamment le cas de 28 % des États-Uniens[115]. D'autres ont adhéré à une nouvelle secte quasi religieuse: le conspirationnisme.

Paradoxalement, les croyants se prennent pour des sceptiques. Par exemple, les créationnistes reprochent aux athées d'être naïfs au point de «croire» à la théorie de l'évolution.

112. «COVID-19: près du quart des Québécois adhèreraient à des théories du complot», *lapresse.ca, La Presse* (*La Presse canadienne*), 1er juin 2022, https://www.lapresse.ca/covid-19/2020-08-03/covid-19-pres-du-quart-des-quebecois-adhereraient-a-des-theories-du-complot.php.

113. Malo, B. «Savoirs, confiance et risque: la vaccination chez les naturopathes québécois», *Mémoire de maitrise en anthropologie, Université Laval*, 2021.

114. Norenzayan, A., Hansen, I.G. «Belief in supernatural agents in face of death», *Personality and Social Psychology Bulletin*, 32, 2006, pp. 174-187.

115. Sahgal, N. et coll. «More Americans Than People in Other Advanced Economies Say COVID-19 Has Strengthened Religious Faith», *Pew Research Center*, 27 janvier 2021.

Selon eux, il y a forcément une intention derrière l'évolution et incidemment un grand horloger, voire un créateur.

De la même manière, les conspirationnistes antivaccins reprochent aux citoyens responsables d'être naïfs et de croire aux mensonges du gouvernement et de la communauté scientifique. Pour eux, un complot ourdi par l'industrie pharmaceutique est derrière la pandémie.

La foi religieuse et le conspirationnisme sont deux variantes d'une même maladie mentale très contagieuse dans les communautés d'extrême droite. Il existe aussi une troisième variante : c'est l'objet du prochain chapitre.

Quartier de Montréal inondé en 2017

On danse la danse du déni de l'évidence;
On danse la danse du déni de l'état d'urgence.
MES AÏEUX

3. Le climatoscepticisme

3.1. Le problème

Comme je l'écrivais au chapitre précédent, les croyants se prennent pour des sceptiques. Les créationnistes ne veulent pas croire à la théorie de l'évolution et les conspirationnistes ne veulent pas croire à la pandémie. Or, le climatoscepticisme n'est qu'une autre variante de conspirationnisme. Encore une fois, on refuse de « croire » à la science. Il n'y a pas de péril environnemental. Tout va bien. Les écologistes sont simplement paranoïaques ou encore ils ont eux aussi ourdi un complot pour s'enrichir comme les pharmaceutiques avec le vaccin. Et pourtant, pour la première fois cette année, j'ai mangé des fraises du Québec au mois de mai ! Et au moment d'écrire ces lignes, une pluie diluvienne inonde le métro de Montréal...

En moyenne, les Occidentaux estiment que seulement 60 % des scientifiques attribuent le réchauffement climatique à l'activité humaine[116]; ce pourcentage est encore plus bas aux États-Unis et en Chine, par hasard les deux pays qui émettent le plus de gaz à effet de serre. Dans les faits, ce n'est pas 60 %,

116. Ripoll, T. *op.cit.*

mais plus de 97 % des experts de la question qui, depuis 2019, attribuent le réchauffement climatique à l'activité humaine. Comment expliquer un tel décalage entre la perception populaire du dialogue scientifique et le consensus scientifique réel? L'industrie fossile manipule habilement la population à ses fins économiques, tout comme le clergé l'a fait pendant des siècles. Les réseaux sociaux facilitent d'autant plus cette manipulation. De plus, les militants de droite en Occident préfèrent garder la tête dans le sable parce que les actions qui s'imposent pour sauver la planète entrent en collision frontale avec leurs croyances religieuses, tout particulièrement sur le plan démographique.

De tout temps, le pouvoir religieux et le pouvoir politique ont encouragé les familles nombreuses, le premier par la diabolisation de la contraception et de l'avortement et le second par les incitatifs fiscaux et prestations familiales. Dans les deux cas, on cherchait à accroitre son pouvoir en accroissant sa base. On ne se doutait pas qu'un jour, il y aurait trop d'humains sur la planète. Or, ce jour est arrivé.

Il n'y a pas si longtemps encore, on ne pouvait pas concevoir que la trop grande présence d'humains sur Terre allait finir par affecter le climat. L'idée qu'un jour il faille limiter la croissance démographique sans quoi la planète deviendrait impropre à la vie humaine était inimaginable. Le bouleversement climatique n'est plus un concept théorique aujourd'hui; c'est une réalité qui se vit désormais au quotidien: feux de forêt, tsunamis, ouragans, inondations éclairs, canicules extrêmes, pluies diluviennes, extinctions de certaines espèces animales et végétales, glissements de terrain, raréfaction de l'eau potable... Même l'eau de pluie n'est plus potable[117]! Tous ces phénomènes

117. Cousins, Ian et coll. « Outside the Safe Operating Space of a New Planetary Boundary for Per- and Polyfluoroalkyl Substances (PFAS) », *Environmental Science & Technology*, 2 août 2022.

se succèdent les uns après les autres et prennent de plus en plus d'ampleur.

Malheureusement, nos modèles économiques épousent les ambitions expansionnistes des religions. Autant dans les pays capitalistes comme les États-Unis que dans les pays pseudo-communistes comme la Chine, l'objectif visé et mondialement considéré judicieux est la croissance économique[118] alors que l'humanité pourrait améliorer sa qualité de vie simplement par l'augmentation de sa productivité issue de l'avancement de la technologie et du développement de services sociaux. Certes, la productivité augmente actuellement, mais la vitesse de ce processus ne suffit pas à nourrir l'ambition de nos dirigeants politiques ni nos attentes d'électeurs toujours plus gourmands. Par conséquent, on se bâtit plutôt des économies extrêmement florissantes, mais dont l'équilibre budgétaire dépend intimement de la croissance économique et démographique. Autrement dit, les politiciens pellettent la neige en avant et le banc de neige devant nous devient de plus en plus grand. L'une des faiblesses de la démocratie qui contribue justement à ce phénomène est la courte durée des mandats des politiciens (généralement quatre ans). Les élus ont tendance à miser sur les résultats à court terme pour se faire réélire, aux dépens des résultats à long terme. En fait, nos politiciens gèrent ni plus ni moins l'économie comme une pyramide de Ponzi[119]; alors que de tels montages en dehors du monde politique sont considérés comme de la fraude.

Nombre de politiciens séduisent leur électorat en investissant dans des projets titanesques qu'ils n'ont pas vraiment les moyens de se payer. Ils endettent ainsi les générations

118. Augmenter le nombre de consommateurs augmente la consommation.

119. Charles Ponzi est devenu tristement célèbre en 1920 pour avoir inventé un tel montage financier frauduleux où les investissements des clients sont essentiellement rémunérés par les fonds procurés par les nouveaux entrants.

futures, mais se donnent bonne conscience en misant sur l'expansion démographique. Ils pellettent littéralement ces dettes dans la cour de nos enfants. Un exemple classique est le stade olympique construit à Montréal à l'occasion des Jeux olympiques de 1976. Les contribuables québécois auront finalement déboursé en capital et intérêts 2,3 milliards de dollars sur 30 ans pour couvrir le coût initial de 790 millions de dollars du stade, et ce, sans compter le 1,5 milliard de dollars pour l'achever[120].

La population mondiale croît à un rythme record[121] et frôle maintenant les huit milliards. De plus, près de trois milliards d'Indiens et de Chinois rêvent déjà du même train de vie que les États-Uniens. La croissance de l'économie mondiale n'est donc pas prête de s'essouffler.

Qui dit croissance économique, dit croissance des émissions des gaz à effet de serre (GES) et celles-ci s'élèvent déjà à 39 gigatonnes métriques de carbone par année à l'échelle planétaire[122]. La concentration de CO_2 dans l'air est passée de 280 ppm à 415 ppm[123] de 1750 à 2021 et dépassera 900 ppm à la fin du siècle. Or, une concentration supérieure à 1000 ppm détériore la psychomotricité et la fonction intellectuelle (prise de décision, résolution de problèmes)[124]. Au-delà de 10000 ppm, la mort survient tôt ou tard par acidose respiratoire. Mais ceux à qui cette augmentation de gaz carbonique a profité seront morts et enterrés bien avant.

120. https://stadeolympiquemontreal.ca/cout-total.php

121. *World Population Prospects 2017* (United Nations Population Division).

122. https://www.notre-planete.info/indicateurs/CO2-emissions.php.

123. National Oceanic and Atmospheric Administration (US Department of Commerce): https://www.climate.gov/news-features/understanding-climate/climate-change-atmospheric-carbon-dioxide.

124. « Concentrations de CO_2 dans l'air intérieur et effets sur la santé », *Agence nationale de sécurité sanitaire, alimentation, environnement, travail*, Rapport d'expertise collective, France, 2013.

L'émission de GES est la principale cause du réchauffement climatique. Ce n'est plus simplement théorique: les mois de juin et juillet 2019 ont été les plus chauds de l'Histoire; la dilatation des rails de trains en Europe a même provoqué leur arrêt temporaire. L'an 2021 est la 7e année consécutive où la température mondiale a été supérieure de plus de 1°C aux niveaux préindustriels. Différents organismes scientifiques ont développé des modèles mathématiques pour prévoir la hausse de température d'ici la fin du siècle: ces prévisions varient de deux à cinq degrés Celsius[125]. Une hausse de cette ampleur peut paraître banale a priori; pourtant seulement six degrés Celsius nous séparent du dernier âge glaciaire. Si le climat en 2100 est aussi différent d'aujourd'hui que l'a été ce dernier âge glaciaire il y a 18000 ans, je vous laisse imaginer l'ampleur du cataclysme environnemental qui nous guette[126].

Le niveau moyen mondial de la mer a atteint un nouveau record en 2021, après avoir augmenté en moyenne de 4,5 ml par an de 2013 à 2021. L'océan absorbe un quart des émissions annuelles de CO_2 d'origine humaine dans l'atmosphère. Bien que cela ralentisse l'augmentation des concentrations atmosphériques de CO_2, ce dernier réagit avec l'eau de mer et conduit à l'acidification des océans[127].

À l'été 2021, le mercure a grimpé jusqu'à 49,5 degrés à Lytton, un village au nord-est de Vancouver, qui a d'ailleurs été ravagé par les flammes. On parle bien du Canada ici, pas du Moyen-Orient. De plus, 1610 incendies de forêt ont détruit

125. « Global_Warming_Predictions_fr », *GWART*, novembre 2007.

126. En 2019, Environnement Canada a annoncé que le Canada se réchauffe, en moyenne, à un rythme deux fois plus élevé que le reste de la planète, et le nord du pays se réchauffe encore plus rapidement.

127. Millard, R. « Des marqueurs clés du changement climatique ont battu de nouveaux records en 2021, selon l'ONU », *Le Devoir (Agence France-Presse)*, 18 mai 2022.

8682 kilomètres carrés en Colombie-Britannique[128]. Or, une forêt qui brûle est une double catastrophe. Non seulement l'incendie dégage une quantité phénoménale de gaz à effet de serre, mais en plus, la forêt brûlée n'absorbe plus ensuite de CO_2 par photosynthèse. Par conséquent, l'effet de serre augmente, puis la température moyenne et finalement le risque d'incendie. Un cercle vicieux s'installe et s'amplifie jusqu'au jour où il deviendra irréversible.

Un phénomène similaire se produit avec le dégel progressif du pergélisol, ces terres arctiques qui ne dégelaient autrefois qu'en surface même en plein été. La latitude moyenne du pergélisol se déplace tranquillement, mais sûrement, vers le nord avec le réchauffement climatique. Ces terres dégelées émettent du méthane, un gaz à effet de serre qui réchauffe l'atmosphère 120 fois plus que le gaz carbonique. Or, la température moyenne augmentant, plus de terres dégèlent, libérant plus de méthane et ainsi de suite.

Les conséquences dramatiques d'un réchauffement de la planète ne sont plus à démontrer. Certaines régions du globe densément peuplées seront inondées par la fonte des glaciers, d'autres deviendront suffocantes de chaleur et finalement le nombre de cataclysmes destructeurs n'ira qu'en augmentant. Les défis environnementaux ne se limitent pas aux gaz à effet de serre. L'air, l'eau et les sols sont de plus en plus pollués. Bref, la qualité de vie sur la planète se dégrade rapidement et inexorablement. Déjà, la pollution de l'air tue à elle seule sept millions de personnes à chaque année[129]. La ville de Pékin est si polluée que ses habitants évitent de sortir à l'extérieur et les plus riches se payent de dispendieux systèmes

128. Legault, J.B. « Une année marquée par le feu et l'eau en Colombie-Britannique », *La Presse*, 25 décembre 2021.

129. Gates, B., *How to Avoid a Climate Disaster: The Solutions We Have and the Breakthroughs We Need*, Random House, 2021.

de purification d'air intérieur. Ce que les habitants de Pékin vivent actuellement est un avant-goût de ce qui guette toutes les grandes villes du monde.

Dans plusieurs pays d'Afrique et du Moyen-Orient, le réchauffement non seulement détériore la qualité de vie, mais aussi diminue les rendements agricoles et entraîne la famine. Les populations touchées désirent de plus en plus fuir cet enfer, d'où le nouveau phénomène de *réfugiés climatiques*. Nous sommes ici devant un triste paradoxe: les populations qui souffrent le plus des conséquences des émissions de GES ne sont pas celles qui en profitent. Au rythme auquel le climat se réchauffe, le Brésil, l'Égypte et l'Inde deviendront bientôt inhabitables alors qu'ils émettent sept fois moins de GES par habitant que les États-Unis ou le Canada[130]. Quant à moi, j'estime que les pays pauvres qui souffrent du réchauffement climatique mais qui ne profitent pas économiquement de l'émission des GES devraient poursuivre les pays occidentaux en justice pour négligence environnementale et ainsi obtenir des dommages-intérêts compensatoires.

L'humain pourrait techniquement vivre confiné dans des immeubles hermétiques sans jamais ressentir le rayonnement du soleil sur sa peau ou même s'enfuir éventuellement dans un vaisseau spatial quand la planète deviendra invivable. Toutefois, un tel mode de vie n'est pas compatible avec sa génétique qui s'est développée à une époque où il gambadait dans la nature. C'est pourquoi la détérioration de l'environnement entraînera des conditions de vie de moins en moins propices au bien-être de l'humain.

130. Voir données de la Banque mondiale au https://donnees.banquemondiale.org/indicator/EN.ATM.CO2E.PC ainsi que Voss, A-C, «Réchauffement climatique: les pays où on ne pourra plus s'expatrier», *Le petit journal.com*, 8 septembre 2022, https://lepetitjournal.com/expat-mag/environnement/rechauffement-climatique-GIEC-expatriation-345488,

Le phénomène est déjà visible avec les animaux d'élevage. Alors que bœufs et porcs broutaient encore paisiblement dans les prés au siècle dernier, la plupart sont désormais enfermés 24 heures sur 24 dans des enclos exigus, rendement agricole oblige. Non seulement la qualité de viande est moindre[131], mais les animaux élevés dans ces conditions incompatibles avec leur génétique sont cruellement malheureux. Le cas du porc est particulièrement manifeste. Cet animal ressemble beaucoup à l'humain tant sur le plan cognitif que digestif. Contrairement au mythe populaire, un porc n'est pas «cochon». Dans la nature, il défèquera dans un petit coin isolé de la vue et surtout de l'odorat. Or, dans les porcheries modernes, on a coupé l'eau dans les caniveaux d'excréments pour rendre le traitement du purin plus économique. Évidemment, le purin exposé à l'air dégage une odeur atroce dans laquelle le porc vit à longueur de journée. Je vous mets au défi de visiter une porcherie moderne et d'y rester plus de 15 minutes; d'ailleurs vous sentirez encore le purin même après avoir pris plusieurs douches. Il y a un mot approprié pour désigner cette pratique agricole: la cruauté.

Dans l'agriculture moderne, les animaux d'élevage sont considérés comme des machines et non des êtres vivants avec des émotions. Par conséquent, l'agriculture moderne comble leurs besoins objectifs (nourriture, température...), mais ignore leurs besoins subjectifs (liens affectifs, sociaux...). Or, ces besoins subjectifs ont été façonnés par des millénaires de sélection naturelle et ne sont pas moins indispensables.

En regardant de plus près leurs organigrammes corporatifs, on se rend compte qu'une poignée d'entreprises contrôlent

131. En effet, le ratio idéal entre les acides gras oméga-6 et oméga-3 ne devrait jamais dépasser 3 : 1 sans quoi la viande favorise l'inflammation et toutes sortes de maladies auto-immunes. Ce ratio est respecté quand les animaux sont nourris à l'herbe puisque celle-ci contient naturellement de l'oméga-3. Par contre, la viande de bétail élevé au grain atteint parfois des ratios jusqu'à 30:1.

désormais l'ensemble de l'industrie agroalimentaire dans le monde. Motivée par une soif insatiable de profits, cette industrie a développé des lignées génétiques de bovins, porcs et volailles optimisées pour l'élevage intensif. Cette sélection autant irresponsable qu'artificielle a le fâcheux inconvénient de réduire dramatiquement la diversité du pool génétique. En effet, la majorité des porcs et bovins de la planète sont maintenant issus de moins de cent géniteurs, une vingtaine seulement dans le cas des volailles. C'est-à-dire que tous les animaux d'élevage sont issus des mêmes pères et partagent donc la même génétique. Or, l'industrie n'a pas réfléchi plus loin que le bout de son nez, car une telle concentration génétique a considérablement augmenté la vulnérabilité aux maladies infectieuses; de fait, une proportion toujours grandissante de bêtes d'élevage meurt avant l'abattage (typiquement 20 % des porcs[132]). Pour compenser, l'élevage intensif requiert toujours plus d'aliments concentrés, de médicaments et d'antibiotiques. Finalement, la surconsommation d'antibiotiques accélère la sélection naturelle chez les bactéries qui deviennent de plus en plus résistantes et à ce rythme, les antibiotiques actuels n'arriveront plus d'ici la fin du siècle à protéger la population mondiale ni même les animaux d'élevage contre une pandémie meurtrière comme la grippe espagnole de 1918.

L'industrie agroalimentaire a également réduit la diversité des variétés agricoles végétales avec le développement, notamment, des maïs, soya et canola transgéniques. Le blé n'est pas encore proprement dit OGM, mais sa sélection naturelle à coup de mutations génétiques induites volontairement par des agents cancérigènes au XXe siècle a développé une espèce pour laquelle la population est de plus en plus intolérante. Or ces cultures intensives requièrent des

132. https://www.l214.com/animaux/cochons/95-des-cochons-en-systeme-intensif/

quantités astronomiques d'engrais chimiques et de pesticides dont les effets sur l'environnement sont désastreux. La moitié seulement des engrais chimiques est absorbée par les plantes en culture; l'autre moitié est lessivée par la pluie et pollue la nappe phréatique ainsi que les cours d'eau. Les insecticides tuent les parasites, mais aussi les prédateurs de ces derniers si bien que des quantités toujours plus importantes sont requises; de plus, ces insecticides tuent les insectes pollinisateurs comme les abeilles et papillons monarque. Les pesticides tuent les champignons mycorhiziens, bactéries, nématodes et vers de terre qui composent la biomasse de la terre arable la rendant ainsi stérile. Dans la nature, les racines des plantes nourrissent normalement cette biomasse en énergie et en carbone issue de la photosynthèse et la biomasse en retour rend les minéraux du sol accessibles à la plante. Faute de cette symbiose, la culture requiert des quantités plus importantes d'engrais chimiques. De plus, un sol stérile absorbe mal l'eau de pluie et devient plus vulnérable à l'érosion (aussi ne faut-il pas s'étonner si les cimetières dans les prairies américaines sont plus élevés que leurs terres agricoles voisines; au départ, ils étaient à la même hauteur, mais le vent et la pluie ont déjà érodé un tiers de l'épaisseur de terre arable). Finalement, des quantités toujours croissantes d'herbicide sont requises, car les mauvaises herbes mutent et développent une résistance au glyphosate.

Nous savons déjà que l'utilisation agressive d'engrais de synthèse et de pesticides est l'un des principaux vecteurs de pollution. Selon la chercheuse Maryse Bouchard, du Département de santé environnementale et de santé au travail de l'Université de Montréal, l'exposition aux pesticides neurotoxiques, même à faible dose, cause des TDAH, des difficultés d'apprentissage, et une baisse du quotient intellectuel chez les enfants. De plus, selon le géologue américain David Montgomery, la dégradation des terres arables est aussi l'une des principales catastrophes écologiques de l'heure, mais dont personne ne parle[133]. Selon lui, plusieurs civilisations humaines précédentes ont autrefois périclité à cause du même fléau.

Les climatosceptiques rétorqueront que le réchauffement climatique actuel n'est pas le premier que notre planète traverse et pourtant, sa faune et sa flore ont toujours su s'adapter. Le hic, c'est que les bouleversements actuels surviennent beaucoup plus rapidement que les variations climatiques passées; en fait, beaucoup trop rapidement pour que la biosphère puisse s'y adapter. Et on ne parle même pas d'adaptation génétique ici. Le homard du Maine que je mangeais dans ma jeunesse a migré au Nouveau-Brunswick; cependant, les poissons du sud de la mer Méditerranée, une fois rendu accotés au nord sur l'Europe, n'iront pas faire un détour par le détroit de Gibraltar pour remonter ensuite l'Atlantique.

Un autre exemple est la moutarde de Dijon en France dont l'ingrédient clef, la graine brune de moutarde, vient... du Canada. Or, avec le réchauffement climatique, la production de cette graine de moutarde au Canada a chuté dramatiquement. À cause de l'offre et de la demande, le prix de la célèbre moutarde de Dijon monte en flèche et le produit risque fort de devenir un souvenir ancestral.

3.2. Les fausses solutions

De nos jours, les écologistes de salon montent facilement au créneau pour défendre l'environnement, mais une minorité d'entre eux sont vraiment disposés à en payer la note. Les politiciens le savent bien et excellent en créativité pour se faire élire sur la base de promesses électorales qui donnent

133. David R. Montgomery. *Growing a revolution*, W.W. Norton & Company, 2018.

bonne conscience écologique aux électeurs, mais qui s'avèrent en réalité de la poudre aux yeux.

Par exemple, le maire d'une ville québécoise veut bien paraître auprès de son électorat écolo et pour ce faire interdit désormais la vente de sacs de plastique dans toutes les épiceries. En parallèle et à l'abri des projecteurs, il signe un contrat avec une firme d'ingénierie pour construire un nouveau viaduc en béton à l'entrée de sa ville. Comme le béton est responsable de 10 % des GES, notre maire aurait plutôt dû commander un viaduc en acier afin de demeurer cohérent avec sa politique environnementaliste. La consommation mondiale de sacs de plastique contribue à un infime dix-millième du bilan carbone total[134]. Autrement dit, la bonne décision au sujet du viaduc était mille fois plus pertinente que l'abolition des sacs de plastique. Une telle hypocrisie me répugne. Au lieu de se donner bonne conscience avec leurs sacs de plastique impertinents, les électeurs vraiment écolos auraient dû faire leurs devoirs, soit s'éduquer et faire du viaduc un enjeu électoral.

On nous répète inlassablement que chaque petit geste environnemental compte. Dans les faits, les citoyens les mieux intentionnés sur le plan environnemental laissent une empreinte à peine plus faible que les autres[135]. Non seulement les petits gestes sont négligeables, mais en plus, ils ont l'insidieux effet de donner bonne conscience aux citoyens et ainsi de les démotiver à poser de gros gestes.

Bien sûr, mon raisonnement au sujet des sacs de plastique ne tient la route que si les matières résiduelles sont adéquatement éliminées, ce qui est désormais le cas dans la plupart des pays occidentaux. Dans les photos de poissons étouffés par des

134. https://www.terraeco.net/Le-sachet-combien-d-emissions-de,14973.html.

135. Moser, S. et S. Kleinhückelkotten. « Good Intents, but Low Impacts: Diverging Importance of Motivational and Socioeconomic Determinants Explaining Pro-Environmental Behavior, Energy Use, and Carbon Footprint », *Environment and Behavior*, 1-31, 2017.

déchets de plastique que nous montrent sentimentalement les écolos de service, le plastique provient justement de quelques rares pays qui jettent encore directement leurs déchets à la mer. Au lieu de se priver d'un sac de plastique pour faire son épicerie, le citoyen écoresponsable ne devrait voter que pour un politicien qui s'engage à cesser cette pratique immonde en imposant notamment des tarifs punitifs aux biens importés de ces pays.

Un autre exemple d'hypocrisie ou d'ignorance de nos dirigeants politiques est cette décision du maire de Montréal en 2007 de pénaliser les automobilistes qui préchauffent leur véhicule en hiver. J'ai alors pris la peine d'écrire un article pour le quotidien *La Presse* afin d'expliquer, avec toute la courtoisie requise, qu'un moteur à combustion sollicité à froid génère beaucoup plus de gaz toxiques (NO_X et SO_X) que si préchauffé quelques minutes, car les métaux du convertisseur catalytique agissent comme catalyseurs uniquement à haute température. Mon article était solide scientifiquement et écrit par un ingénieur, donc un auteur crédible dans les circonstances. Pourtant, mon article a été censuré, car il offensait la pensée dogmatique de certains écologistes.

Dans un autre article que le quotidien *La Presse* a refusé de publier, je dénonçais l'aberrante promotion des ampoules fluorescentes compactes par Hydro-Québec, la société d'État responsable d'approvisionner la province en électricité. Hydro-Québec invoquait les économies d'énergie de ces ampoules comparées aux traditionnelles ampoules incandescentes. Non seulement la disposition de ces ampoules à base de mercure posait un risque pour l'environnement, mais en plus, leur bilan énergétique n'était que poudre aux yeux. En effet, l'énergie calorifique générée par une ampoule incandescente n'est pas moins efficace qu'un calorifère électrique pour chauffer un appartement. Autrement dit, chaque watt dégagé par l'ampoule ne chauffe pas moins que chaque watt dégagé par la plinthe chauffante. Comme au Québec, la majorité des foyers chauffent à l'électricité, 99 % des kilowattheures dépensés en sus par les ampoules incandescentes sont récupérés au niveau des coûts de chauffage. Évidemment, cet argument ne tient pas la route dans un appartement climatisé, mais non seulement, une minorité des résidences sont climatisées au Québec mais en plus, à l'heure où le soleil s'y couche en été, il fait plus frais et la climatisation ne fonctionne déjà plus. Au nombre d'ingénieurs électriques à l'emploi d'Hydro-Québec, je n'arrive pas à m'expliquer comment cette société d'État a pu prendre une position aussi indéfendable sur le plan scientifique. Plusieurs hypothèses me viennent à l'esprit, mais je n'en parlerai pas faute de preuves.

Hélas, les automobiles électriques ne sont pas non plus la panacée qu'on prétend. La technologie actuelle ne permet pas encore de fabriquer et de disposer des piles électriques de façon écologique. Néanmoins, lorsque sa pile est rechargée par l'hydroélectricité, l'automobile électrique constitue un progrès écologique. Toutefois, lorsque la pile est rechargée à partir d'une centrale au charbon, c'est une aberration. L'automobile propulsée à l'hydrogène serait nettement préférable, mais encore faut-il encore mettre au point un réservoir qui n'explose pas lors d'une collision! De plus, la production d'hydrogène à partir de l'eau n'est vraiment pas efficace d'un point de vue énergétique. Cependant, elle se justifie lors de surplus temporaires d'électricité provenant de centrales solaires, éoliennes ou hydrauliques.

Avec l'environnement, il faut éviter de se mettre la tête dans le sable comme les militants de droite, mais il ne faut pas pour autant adopter les solutions misérabilistes proposées par les militants de gauche.

Par exemple, il faut éviter de tomber dans le piège facile du végétalisme pour régler le problème de la cruauté animale et des émissions de GES liées à l'élevage. La solution passe plutôt par des normes plus serrées au niveau agricole au sujet du bien-être animal, ou encore par des certifications volontaires comme *Bio*, *Humane* ou *American Grassfed*. Pour des raisons qui seront invoquées au chapitre 6, le commun des mortels n'a pas les connaissances requises pour suivre un régime végétalien sans se causer de sérieuses carences alimentaires. Il ne serait pas socialement responsable pour l'État de promouvoir un tel régime; je ne suis pas un partisan du nivellement par le bas, mais ici, je fais exception.

De plus, même si l'on s'habillait tous avec de vieux t-shirts recyclés dix fois et que l'on s'empilait tous les uns sur les autres dans des tours de béton, on ne ferait que retarder l'échéance de la solution ultime au problème environnemental: stopper l'expansion démographique. Alors, tant qu'à finir inexorablement par limiter les naissances, mais d'ici là rendre tout le monde malheureux en leur imposant des conditions de vie misérables, pourquoi ne pas avoir le courage politique d'affronter dès maintenant le problème démographique et ainsi éviter d'empoisonner nos vies?

La densification urbaine est une autre fausse bonne idée. L'étalement urbain n'a pas pour effet d'augmenter le nombre de consommateurs. Entasser les humains dans des tours d'habitation n'aidera pas l'environnement, mais détériorera leur santé mentale, qui s'est d'ailleurs déjà beaucoup dégradée depuis quelques décennies. Un centre-ville ne sera jamais écologique à cause des îlots de chaleur provoqués par sa masse de béton et de bitume ainsi que sa maigre végétation alors qu'une banlieue aménagée intelligemment a le potentiel de l'être. Encore une fois, la technologie existe pour ce faire. Il faut juste oser innover et surtout avoir le courage politique de mettre au pas les promoteurs immobiliers peu scrupuleux. C'est là que les écologistes devraient investir leur énergie et non dans des solutions déshumanisantes.

De plus, ce n'est pas en isolant l'humain de la Nature qu'on le sensibilisera à la protéger. Pour les intellos qui ne quittent jamais le Plateau[136], la forêt est une fiction de l'esprit. Grâce à la pandémie, nous avons réalisé que la technologie permet désormais à la plupart des employés, justement ceux qui travaillent dans les centres-villes, de travailler à distance et offrir un rendement égal sinon supérieur. De plus, en habitant à la campagne, on n'a plus besoin d'un chalet pour s'évader durant le week-end.

3.3. Les vraies solutions

Quoiqu'on en dise, le problème de l'environnement n'est pas technologique, mais politique. Les solutions sont onéreuses, mais elles existent. Les coupables ici ne sont pas les scientifiques, mais les politiciens. Toutefois, à leur décharge, les politiciens doivent plaire à leurs électeurs. Or, ces derniers sont plus enclins à manifester contre le réchauffement climatique qu'à véritablement assumer le coût de leurs vertes ambitions.

Ce chapitre ne se veut pas une thèse sur l'environnement et demeure volontairement superficiel. Encore une fois, l'objectif ici est le même que celui de l'essai: démontrer notre incohérence et notre hypocrisie.

Nos seulement, les gros pollueurs que sont la Chine, les États-Unis et la Russie taxent peu ou pas le carbone, ils subventionnent même les énergies fossiles à la hauteur de 2 258 milliards de dollars par an[137]. Comme si cette industrie avait besoin d'aide!

136. Quartier au centre de l'île de Montréal

137. Voir site web du FMI: https://www.imf.org/en/Publications/WP/Issues/2019/05/02/Global-Fossil-Fuel-Subsidies-Remain-Large-An-Update-Based-on-Country-Level-Estimates-46509

Au Québec, des politiciens font tout un tapage médiatique autour des sacs de plastique à l'épicerie, mais laissent discrètement et impunément de grosses industries polluer l'environnement. Depuis la fin des années 1990, le gouvernement se fie à la bonne foi des compagnies pour l'avertir si elles dépassent les normes de pollution; en effet, les fonctionnaires qui assuraient autrefois ce contrôle ont été mis à pied sous prétexte de réduire les coûts de l'État. La vraie raison est que les industries polluantes peuvent désormais plus facilement tricher et ainsi engranger des profits faramineux... moyennant une petite enveloppe brune.

En 2022, les médias ont révélé que la fonderie Horne de Rouyn-Noranda émettait 33 fois la norme permise d'arsenic dans l'atmosphère[138]. Glencore, l'entreprise propriétaire de la fonderie demande maintenant de l'aide gouvernementale pour moderniser ses installations. Pourquoi les contribuables québécois subventionneraient-ils une entreprise qui réalise un profit annuel de 20 milliards de dollars?! L'État devrait plutôt acheter des actions et faire ainsi d'une pierre deux coups: il règlerait le problème environnemental tout en s'enrichissant.

La cimenterie McInnis située en Gaspésie est le plus gros émetteur de gaz à effet de serre du Québec. Le gouvernement Marois avait autorisé la construction de l'usine à l'époque sans étude préalable du BAPE, un véritable passe-droit pour un ami politique, Laurent Beaudoin, alors PDG de Bombardier. L'État a même contribué au financement du projet avec des deniers publics. En 2020, l'entreprise a finalement été revendue à perte à des intérêts brésiliens et la Caisse de dépôt et placement du Québec a englouti 400 millions de dollars dans

138. Girard, M. «Fonderie Horne: préparez-vous à payer la facture», *Le Journal de Montréal*, 19 août 2022.

ce gouffre financier. Il s'agit d'un double scandale: financier et environnemental[139].

Ces deux exemples sont seulement la pointe de l'iceberg. Combien d'autres scandales ignorons-nous? Heureusement que les électeurs n'utilisent plus de sacs de plastique à l'épicerie…

La démocratie

Alors que la doctrine de la croissance économique vise l'amélioration des conditions de vie des électeurs, la détérioration de l'environnement qu'elle entraîne va accomplir le résultat opposé. En élisant des politiciens qui font de la fuite en avant, nous hypothéquons les générations à venir. La vie de nos arrière-petits-enfants ressemblera de plus en plus à celle de nos animaux d'élevage. Il faut donc repenser l'économie en fonction de l'accroissement de l'efficacité, de la productivité, de la qualité de vie et non en fonction de l'accroissement du produit intérieur brut. L'avancement technologique peut nous rendre la vie plus facile sans augmenter le déficit national. Mais comment faire comprendre tout cela au citoyen lambda?

Hélas, les campagnes électorales sont articulées autour de l'électeur moyen. Donc les dirigeants sont choisis non pas pour leur contenu, mais pour leurs apparences. Rien n'a beaucoup changé depuis l'époque tribale. Ajoutez à cela la manipulation des votes grâce aux médias sociaux et notre beau concept de démocratie en prend pour son rhume.

À l'heure actuelle, un poids électoral égal est accordé à tout électeur qu'il soit analphabète ou une sommité en économie. Nous avons beau réaliser de grands progrès sociaux et technologiques, nous laissons des décisions importantes comme le choix de nos dirigeants politiques entre les mains

139. Ouellet, M. «McInnis: La fin de la récréation a sonné, la cimenterie doit fermer», *Le Journal de Montréal*, 21 août 2022.

de gens qui ne sont souvent même pas assez qualifiés pour gérer les finances de leur propre ménage (d'ailleurs, le chef du Parti conservateur du Québec ne paye même pas ses taxes!). Il ne faut pas s'étonner de la piètre qualité de nos dirigeants politiques.

Finalement, un système démocratique est intrinsèquement en conflit d'intérêts quand vient le temps de voter pour un candidat qui promet de lutter contre l'expansion démographique puisque la loi du nombre détermine l'issu du scrutin. La cause environnementale bénéficierait certainement d'une refonte du scrutin électoral.

Il ne faut pas compter non plus sur le pouvoir juridique pour défendre l'environnement. En juin 2022, six juges rétrogrades sur neuf de la Cour suprême des États-Unis ont empêché l'Agence pour la protection de l'environnement (EPA) d'édicter les règles générales pour réguler les émissions de GES des centrales électriques à charbon du pays.

Heureusement que deux mois plus tard, le président Biden a réussi à faire adopter son ambitieux plan de réduction de gaz à effet de serre (370 milliards de dollars dédiés à l'environnement). Alors que le pouvoir juridique devrait être le garde-fou du pouvoir politique, c'est le contraire qui s'est produit ici. Ça en dit long sur la crédibilité de la nouvelle Cour suprême.

Afin de faire sa part et diminuer son empreinte de carbone, la France a mis en place en 2014 une taxe sur le carbone[140] d'un montant initial de 7 € par tonne de CO_2 qui devait augmenter progressivement jusqu'à 100 €/t CO_2 en 2030. Hélas, en 2018, les *gilets jaunes* ont exigé et obtenu de la présidence de la

140. Voir site web du ministère de la Transition énergétique: https://www.ecologie.gouv.fr/fiscalite-carbone

République, un gel de la taxe carbone et celle-ci est demeurée au montant de 44,60 €/t CO_2 depuis[141].

Au Canada, la province de l'Alberta a mis en place une taxe carbone en 2017. D'un niveau initial de 20 $/t CO_2, elle est passée à 30 $/t CO_2 en 2018 et devait atteindre 50 $/t CO_2 en 2022. Cependant, le premier ministre albertain a aboli cette taxe en 2019[142]. Heureusement, depuis 2022, le gouvernement fédéral impose cette taxe de 50 $/t CO_2, et elle devrait croitre jusqu'à 170 $/t CO_2 en 2030. L'Alberta s'est rendue jusqu'en Cour suprême pour contester la constitutionnalité de cette décision fédérale, mais en vain. On dirait bien que les juges sont un peu plus futés au Canada.

La fiscalité

Selon moi, la solution au problème environnemental passe notamment par la fiscalité. On ne peut pas compter uniquement sur la bonne foi de la population, encore moins sur son éducation. Il faut que le coût d'acquisition de chaque bien de consommation reflète réellement son coût environnemental, et ce, autant en amont (fabrication) qu'en aval (élimination) de son achat. Ensuite, la loi de l'offre et de la demande fera le reste du travail. Les produits polluants seraient naturellement délaissés au profit des produits plus écologiques. Même si un produit polluant est ainsi acheté, le coût pour en éliminer l'empreinte environnementale serait prépayé. Par exemple, tous les produits devraient contenir une consigne reflétant leur coût d'élimination. Il se développerait donc une économie

141. Y.D. « L'Élysée annonce que la taxe sur le carbone est supprimée pour 2019 », *BFM Business*, 5 décembre 2018, https://www.bfmtv.com/economie/economie-social/l-elysee-annonce-que-la-taxe-carbone-est-supprimee-pour-2019_AV-201812050091.html

142. Weber, B. « Ottawa imposera sa taxe carbone en Alberta à partir du 1er janvier », *Le-Soleil numérique*, 13 juin 2019, https://www.lesoleil.com/2019/06/14/ottawa-imposera-sa-taxe-carbone-en-alberta-a-partir-du-1er-janvier-9861cc53a4d8e9cf97435e09121880b9?nor=true

secondaire pour veiller à leur saine élimination. Le prix d'un litre d'essence ou encore d'un billet d'avion devrait comprendre le coût pour en reséquestrer l'émission de gaz carbonique. Ainsi le carburant serait carboneutre et les voyageurs voyageraient la conscience en paix. Tout comme les propriétaires de gros VUS; toutefois, le prix de l'essence restreindrait probablement leur utilisation à l'industrie de la construction et du transport.

Des technologies existent pour séquestrer le gaz carbonique émis par une centrale thermique, mais elles sont onéreuses. Une taxe sur le carbone de 100 €/t CO_2 (ou dollars américains) suffirait à rentabiliser une centrale électrique au gaz qui serait carboneutre. Une telle taxe correspondrait à une hausse de 27 centimes (ou cents) par litre pour l'essence à la pompe, ce qui est loin d'être prohibitif et même inférieure à la hausse du marché en 2022[143] ou encore tout au plus 1,7 cent/kWh pour l'électricité, soit grossièrement 15 % d'augmentation.

Des technologies similaires existent aussi pour séquestrer le carbone lors de fabrication industrielle, mais elles sont plus onéreuses. Par exemple, la fabrication d'un ciment à béton carboneutre coûterait typiquement entre 75 % et 140 % plus cher. Non seulement la fabrication industrielle (béton, acier, plastique, etc.) produit plus de GES que la production d'électricité, mais en plus plusieurs pays émergents rattrapent actuellement leur retard sur l'Occident. Par exemple, la Chine a coulé huit fois plus de béton depuis le début du siècle que les États-Unis durant tout le siècle dernier![144]

Des technologies existent aussi pour séquestrer le gaz carbonique déjà présent dans l'atmosphère et ainsi stopper et

143. Le Billion, V. « Six pétroliers demandent un prix ambitieux du carbone », *Les Échos*, 1er juin 2015, https://www.lesechos.fr/2015/06/six-petroliers-demandent-un-prix-ambitieux-du-carbone-265526

144. Gates, B. *How to Avoid a Climate Disaster: The Solutions We Have and the Breakthroughs We Need*, Random House, 2021.

même renverser le réchauffement climatique, mais elles sont encore plus onéreuses. On parle alors d'une taxe sur le carbone de 300 €/t CO_2 (ou dollars américains)[145], soit l'équivalent d'une hausse de 80 centimes (ou cents) par litre pour l'essence à la pompe. Ce n'est quand même pas excessif pour sauver la planète ! De plus, il y a fort à parier que le coût de séquestration baisserait avec le temps au fur et à mesure que la technologie gagnerait en maturité (les premiers lecteurs DVD coûtaient 5k$ et aujourd'hui moins de 100$).

Appels d'offres gouvernementaux

D'ici à ce qu'une fiscalité complètement carboneutre soit mise en place, le gouvernement de chaque pays industrialisé devrait faire preuve de leadership et inclure des critères écologiques dans ses appels d'offres publics.

Par exemple, tout bâtiment public devrait être certifié selon la norme environnementale LEED (*Leadership in Energy and Environmental Design*), les structures horizontales des ponts devraient être construites d'acier et non de béton. L'asphalte des routes devrait être préparée à base de matières recyclables dont le verre recyclé. Au-delà de ces exigences évidentes, le gouvernement devrait laisser libre cours aux entreprises pour innover sur le plan écologique dans le cadre des appels d'offre. Les entrepreneurs demeurent les acteurs les plus créatifs dans notre société en termes d'innovation technologique. Encore faut-il les motiver financièrement ; et c'est justement le rôle que les fonctionnaires doivent jouer.

De tels appels d'offres carboneutres combinés aux crédits d'impôt à la recherche-développement stimuleraient le développement de solutions écologiques alternatives moins

145. Niedercorn, F. « Capter et stocker le CO2 : des solutions, mais pas de miracle », Les Échos, 7 juin 2022, https://www.lesechos.fr/idees-debats/sciences-prospective/capter-et-stocker-le-co2-de-nouvelles-methodes-prometteuses-1411465

coûteuses dans l'industrie et prépareraient ainsi le terrain à l'arrivée prochaine d'une taxe de carbone intégrale.

L'urbanisme

Bien sûr, la plupart des banlieues actuelles ne sont pas très écologiques. Il est grand temps que la technologie vienne à la rescousse de l'urbanisme afin de créer des écoquartiers. Le chauffage et surtout la climatisation sont de loin les besoins les plus énergivores. Les ventes de climatiseurs ont presque quadruplé entre 1990 et 2016 pour atteindre 135 millions d'appareils, dont 41 millions en Chine (plus de 30 % du total)[146]. En effet, plus il faut chaud, plus on climatise; plus on climatise, plus on émet des GES; et plus on émet des GES, plus il fait chaud. De plus, l'efficacité énergétique des petits climatiseurs est pitoyable; l'État devrait imposer des normes minimales.

Or, la thermopompe géothermique, réduit substantiellement la consommation d'énergie. Par exemple, le sol dans le sud du Canada maintient une température de 10°C à deux mètres de profondeur; il peut donc servir à chauffer en hiver tout comme climatiser en été. Toutefois, le coût de l'investissement initial d'une thermopompe est onéreux. Comme la municipalité dessert déjà les résidences avec un réseau d'électricité, d'aqueduc et d'égouts, pourquoi alors ne pas fournir aussi une boucle de glycol pour centraliser le chauffage durant la saison froide tout comme la climatisation durant la saison chaude? Cette solution serait à la fois moins coûteuse et plus efficace énergétiquement. De plus, l'écoquartier pourrait se munir d'un accumulateur afin de niveler la consommation d'électricité au cours de la journée et ainsi négocier un tarif réduit en gros. On ne parle pas de *rocket science* ici. Pourtant,

146. « The Future of Cooling: Opportunities for energy-efficient air conditioning », *AIE*, Paris, 2018, https://doi.org/10.1787/9789264301993-en

c'est déjà trop complexe pour le commun des développeurs immobiliers. Toutefois, si le gouvernement légifère en ce sens, ces promoteurs devront engager des ingénieurs pour réaliser de tels projets et enfin offrir des résidences plus écologiques.

L'agriculture

Achèteriez-vous un nouveau carburant pour votre véhicule qui coûte trois fois moins cher, mais qui réduit la longévité de votre moteur de moitié ? Bien sûr que non. Pourtant, c'est ce que l'on fait couramment avec l'agriculture. Afin d'économiser des pacotilles en amont, on hypothèque l'environnement en aval. Il est grand temps de cesser de jouer à l'autruche.

L'agriculture est l'une des principales sources de pollution. La solution au problème environnemental exige donc une meilleure règlementation agricole. La science a démontré depuis belle lurette l'efficacité tant économique qu'environnementale des nouvelles techniques d'agriculture sans labour et avec rotation des cultures et couvert végétal. En effet, la technologie moderne procure un deuxième souffle à ces techniques qui datent de la nuit des temps. Or, comme nos agriculteurs sont déjà bien occupés à rentabiliser leurs opérations actuelles ; ils disposent de peu de temps pour se tenir à jour sur le plan scientifique. C'est à nos politiciens d'exercer un leadership en la matière, mais ils préfèrent jeter de la poudre aux yeux en interdisant les sacs de plastique à l'épicerie qui ont pourtant un impact insignifiant sur l'environnement.

Il faut changer radicalement nos pratiques agricoles pendant qu'il en est encore temps. Les nouvelles techniques décrites plus haut redonneraient vie à la biomasse du sol, ce qui non seulement règlerait le problème environnemental en produisant des cultures carboneutres, mais aussi augmenterait le rendement économique de l'agriculture. Finalement, une terre agricole en santé capture des quantités astronomiques de carbone de l'atmosphère renversant ainsi le processus du réchauffement de la planète.

Comme je l'explique plus longuement dans mon dernier livre[147], en ramenant la teneur en carbone des terres agricoles à leur niveau original d'avant l'avènement des pesticides et engrais chimiques, la biomasse du sol séquestrerait suffisamment de carbone pour que la concentration de gaz carbonique dans l'atmosphère revienne à celle de l'époque préindustrielle.

Les forêts du monde séquestrent annuellement le tiers des émissions de gaz carbonique provenant de la combustion des combustibles fossiles[148]. Hélas, la forêt amazonienne, longtemps considérée comme le poumon de la planète, émet aujourd'hui plus de CO_2 que d'O_2, en raison de la déforestation et du réchauffement climatique[149]. Or, c'est pour assouvir l'insatiable consumérisme occidental que l'Amérique du Sud détruit ses forêts. La culture de l'huile de palme en Asie du Sud-Est est un autre exemple notoire. On pellette nos problèmes dans leur cour, mais on oublie qu'on partage la même cour: notre planète. Il y a lieu de mieux légiférer et/ou de taxer les importations responsables de la déforestation.

Mais alors qu'attendent nos gouvernements pour mieux règlementer l'industrie agricole? D'une part, l'industrie chimique serait perdante, car les ventes de fertilisants et pesticides chuteraient dramatiquement. Or, les géants de cette industrie bénéficient d'un puissant lobby auprès des gouvernements. À l'instar des compagnies pharmaceutiques, leur modèle d'affaires et incidemment leurs recherches scientifiques consistent à développer une dépendance des

147. Gagnon, R. *Et l'homme créa Dieu à son image*, Éditions Stratégikus, 2019, 2020.

148. Voir World Resource Review, Institute for World Resource Research: https://www.wri.org/wri-annual-report-2003.

149. Mouchon, F, «Climat: pourquoi la forêt amazonienne rejette désormais plus de carbone que d'oxygène», *Le Parisien*, 6 mai 2021.

agriculteurs envers leurs produits plutôt qu'à trouver une solution naturelle pour les aider.

D'une part, le coût des aliments augmenterait, ce qui s'avérerait impopulaire auprès d'une bonne partie de l'électorat. D'autre part, il faudrait imposer des tarifs douaniers aux importations de denrées dont la production n'est pas soumise aux mêmes règles afin d'éviter la concurrence déloyale. Or, de tels tarifs vont à l'encontre de l'esprit du libre-échange et peuvent entraîner des conflits politiques avec les pays voisins. J'en sais quelque chose puisque j'ai dû fermer ma ferme de champignons pleurotes en 2002 parce que le gouvernement canadien refusait de taxer les pleurotes importés de Pologne et produits avec un pesticide interdit au Canada (Benlate), lui causant ainsi une compétition injuste.

L'électricité

L'hydroélectricité est de loin la source d'énergie la plus verte. Pourtant, les habitants du Maine ont voté à un référendum en 2021 contre le passage d'une ligne de transport d'électricité du Québec vers le Massachusetts. Les 9,45 térawattheures d'électricité fournie par année par la société d'État Hydro-Québec auraient diminué d'autant l'énergie produite à partir d'hydrocarbures et auraient ainsi réduit les émissions de GES d'une quantité équivalente à 700000 automobiles[150]. Voilà encore une autre preuve que la démocratie ne rime pas toujours avec intelligence, mais comme disait Churchill:

> «La démocratie est le pire système de gouvernement, à l'exception de tous les autres qui ont pu être expérimentés dans l'histoire.»

150. «Exportation d'électricité: les électeurs du Maine disent non à Hydro-Québec», *Radio-Canada* (*Portland Press Herald et La Presse canadienne*), 3 novembre 2021.

L'énergie nucléaire est une autre façon d'atteindre la carboneutralité. On parle ici de fission classique, mais aussi désormais de petits réacteurs modulaires (PRM) qui décentralisent la production d'électricité ainsi que des PRM à neutrons rapides et la fusion nucléaire. Ces trois récentes technologies produisent des déchets nucléaires à brève demi-vie et sont beaucoup plus sécuritaires, ce qui représente un avantage non négligeable dans un contexte mondial où la guerre froide renait de ses cendres. Dans les heures creuses de consommation électrique, les centrales nucléaires pourraient fabriquer de l'hydrogène pour les véhicules. Et pourtant, Pauline Marois, la première ministre du Québec il y a dix ans, a décidé de fermer la seule centrale nucléaire du Québec à Gentilly. Même si la centrale était vieille, elle permettait de conserver une expertise nucléaire locale. Ce ne fut certainement pas la décision la plus éclairée de la carrière de madame Marois.

Certes, les catastrophes de Tchernobyl, Three Mile Island et Fukushima ont refroidi l'enthousiasme pour le nucléaire et pas juste au Québec. Toutefois, au lieu de lancer la serviette, on aurait dû continuer d'investir en recherche afin de sécuriser les centrales. Les premières automobiles ont causé bien plus de décès, mais on n'a pas arrêté leur production pour autant; on les a plutôt rendues plus sécuritaires (ballons gonflables, ceintures de sécurité, etc.). On pourrait faire de même avec les centrales nucléaires notamment en les enterrant pour les protéger d'une attaque aérienne. Les centrales au charbon ont causé 350 fois plus de morts dans l'Histoire que les centrales nucléaires[151] et pourtant, on les utilise toujours.

Les énergies solaire et éolienne ne peuvent rivaliser avec l'hydroélectricité, et ce, malgré le béton requis pour les

151. Gates, B., *How to Avoid a Climate Disaster: The Solutions We Have and the Breakthroughs We Need*, Random House, 2021.

barrages et le méthane émis par les bassins d'eau. La fabrication de leurs équipements laisse une plus importante empreinte de carbone. Par conséquent, leur exploitation a surtout du sens en régions éloignées ou non desservies par le réseau électrique ou encore au sein d'un réseau électrique intelligent qui s'approvisionne simultanément de sources d'énergie non renouvelables et qui optimise en temps réel leur utilisation en fonction des vents et de l'ensoleillement. La bonne nouvelle est que le coût de l'énergie solaire a baissé de 90 % depuis 2009[152]; on peut donc s'attendre à d'autres économies plus la recherche avance dans ce domaine.

Parlant d'intelligence de réseau, le prix de l'électricité devrait varier selon l'offre et la demande durant la journée; à l'instar de la taxe sur le carbone, la main invisible de l'économie pousserait ainsi le consommateur à consommer plus intelligemment, en se dotant notamment d'appareils qui gèrent mieux leur consommation. Un exemple actuel d'absurdité au Canada est de baisser le chauffage durant la nuit; on devrait plutôt couper le chauffage au réveil alors que la consommation électrique augmente à cause du chauffe-eau, du grille-pain, de la cafetière, etc.

Une voie prometteuse est la biométhanisation des résidus organiques, c'est-à-dire la production de gaz naturel renouvelable à partir des déchets compostables.

Une chose est certaine: il faut cesser de brûler du charbon pour produire de l'électricité (sauf évidemment si le gaz carbonique en est séquestré à la source). Mais les deux pays les plus populeux de la planète ne l'ont pas encore compris. La Chine a augmenté sa consommation de charbon de 5 % dans la dernière année alors que l'Inde compte l'augmenter de plus de 50 % au cours des deux prochaines années[153]. Encore

152. *Idem*
153. Bérubé, G. « De l'anthropocène au thanatocène », *La Presse*, 12 mai 2022.

une fois, les pays occidentaux devraient imposer des tarifs douaniers compensatoires sur la marchandise provenant de pays qui ne respectent pas leurs objectifs de réduction de GES en vertu de l'Accord de Paris, et même cesser tout commerce avec les pays qui n'ont pas signé l'accord dont l'Iran et la Libye. Dans le même ordre d'idées, l'Occident devrait aussi cesser tout commerce avec la Russie tant qu'elle poursuit sa guerre contre l'Ukraine. En effet, la guerre est un désastre sur le plan écologique (et évidemment pas juste écologique).

La démographie

Plus important encore, tous doivent réaliser que la population terrestre ne peut plus continuer d'augmenter de façon exponentielle. C'est d'autant plus urgent qu'avec les progrès de la médecine, la longévité augmente avec la population. Ce n'est qu'en plafonnant la croissance démographique que nous réussirons à garantir une qualité de vie acceptable à long terme sur cette planète. Pourtant, la droite continue de pourfendre les contraceptifs et l'avortement. L'idée n'est pas de réintroduire une régulation des naissances à la Mao Zedong. Toutefois, on ne peut que décrier la colonisation sauvage pilotée par la religion dans plusieurs pays dont Israël. En France, un phénomène analogue se produit avec la fraction la plus intégriste des immigrés musulmans qui est engagée dans une course à la natalité dans le but avoué que le vote islamiste prenne éventuellement le contrôle du pays; or, les autorités françaises subventionnent naïvement à coup de prestations ce projet de coup d'État par la natalité.

Il faut aussi avoir le courage d'avouer que ces intégristes religieux qui se reproduisent en grand nombre ne sont pas les plus futés au départ et en plus, ils n'aident pas leur cause en se reproduisant entre eux. Ils développent ainsi des tares génétiques dues à la consanguinité. Par exemple, les membres d'une certaine communauté religieuse, qu'on reconnaitra sans la nommer, sont tellement hypermétropes qu'ils doivent porter des lunettes avec verre correcteur très épais. En plus, les membres de cette communauté préfèrent enseigner eux-mêmes à leurs enfants plutôt que les envoyer à l'école. Ils pensent ainsi protéger leurs enfants de la débauche occidentale, mais ne développent certainement pas ainsi leurs habiletés cognitives déjà faibles au départ.

Le temps ne serait-il pas venu de revoir le système de subventions de l'État à la natalité?

Une étude française[154] démontre que ce sont les femmes de la classe moyenne qui ont le taux de fécondité le plus bas. Comme souvent les deux parents doivent travailler, ils trouvent moins de temps à consacrer à la famille, et ce, malgré l'aide financière du gouvernement. Quant aux familles aisées, l'ampleur des aides financières influence peu leur décision, mais de toute façon leur contribution démographique est marginale vu leur nombre. Ce sont donc les citoyens qui payent le moins d'impôt qui se reproduisent la plus et ceux-là mêmes que l'aide financière gouvernementale encourage le plus à se reproduire. Hélas, il existe une forte corrélation entre les revenus des parents et ceux des enfants[155].

Au lieu du nombre d'enfants, l'État ne devrait-il pas plutôt favoriser la qualité de leur éducation? La force d'une économie future dépend davantage de la qualité de sa main-d'œuvre que de son ampleur. C'est d'autant plus vrai avec l'automatisation des procédés industriels.

Des écarts de savoir importants au sein d'une société perturbent l'ordre social tout autant que les écarts de richesse;

154. Reynaud, D. «Les femmes les plus modestes et les plus aisées ont le plus d'enfants», *Institut national de la statistique des études économiques (Insee)*, 25 novembre 2020.

155. Louis, P. «Comment les inégalités de revenus se perpétuent au sein des familles françaises», *BFM Business*, 18 mai 2022.

d'ailleurs, l'un est corrélé avec l'autre. Or, cet écart est déjà important et va en s'accroissant. Il n'y a jamais eu autant de diplômes de troisième cycle, formant un immense canyon entre ceux-ci et chaque décrocheur qui ne termine pas son secondaire. Alors que l'efficacité de nos dirigeants d'entreprises atteint des sommets inégalés grâce à une multitude d'outils informatiques de plus en plus sophistiqués, une partie de la population demeure quasi-analphabète.

Nul n'a besoin d'être un expert de la théorie de l'évolution pour comprendre à quoi ressemblera l'humanité de demain si seuls les intégristes religieux et les plus démunis (financièrement et intellectuellement) se reproduisent. Par conséquent, les aides financières à la natalité devraient toutes prendre la forme de crédits d'impôt au lieu de subventions, de sorte à ne motiver que la classe moyenne, et par surcroît, devraient être limitées aux deux premiers enfants par couple (ou un enfant par individu). Idéalement, il faudrait même offrir une prime à la stérilisation volontaire. Une telle prime serait sûrement plus populaire auprès des plus démunis et c'est tant mieux ainsi, car ces derniers s'en tireraient mieux financièrement avec moins d'enfants et un petit coup de main financier.

Démantèlement de la statue de Sir John A. Macdonald à Hamilton en 2021

Ce n'est pas parce qu'on a souffert qu'on a raison.
Ou qu'on doit faire souffrir les autres.
Il ne faut pas placer la douleur au cœur de la rédemption.
DANY LAFERRIÈRE

4. La théorie critique de la race

4.1. Le nouveau fascisme

La maxime «L'enfer est pavé de bonnes intentions» s'applique bien à la théorie critique de la race (*Critical Race Theory*) qui fait partie intégrante de l'idéologie woke. Ce mouvement est né d'une bonne intention au départ: sensibiliser la masse aux injustices subies par les minorités, notamment les injustices subies par les minorités afro-américaines. Hélas, le mouvement woke reproduit aujourd'hui ce qu'il dénonçait hier: il cherche à venger une injustice passée en créant aujourd'hui une nouvelle injustice, mais dans le sens inverse. N'est-il pas temps que l'humanité s'élève au-delà de ce désuet principe d'*œil pour œil, dent pour dent* issu de l'Ancien Testament?

Une autre maxime s'applique bien à l'idéologie woke: «celui qui ignore son Histoire est condamné à la répéter». On a l'impression que les wokes dormaient durant leurs cours d'histoire. Leur idéologie me fait tellement penser à la révolution bolchévique au début du siècle dernier. La jeunesse russe croyait alors pouvoir révolutionner le monde politique et la société en général grâce à leur nouvelle idéologie: le communisme. Comme les instigateurs de ce mouvement politique étaient seuls à détenir la vérité, tous les coups étaient moralement permis pour prendre le pouvoir et imposer leur idéologie. Tolérance zéro pour les dissidents. Tous ceux qui n'adhéraient pas aveuglément au communisme étaient considérés comme rétrogrades et il était légitime de les censurer, de les dénoncer, de les insulter, de les humilier et de les salir publiquement, de les intimider, de les menacer, de les congédier, de les poursuivre, de les mettre en faillite, de les emprisonner et éventuellement même de s'en prendre physiquement à eux. Ça vous rappelle un peu les traitements que font subir aujourd'hui les wokes à leurs ennemis politiques ? Hélas, on connait la suite de l'histoire : l'idéologie communiste pourtant parfaite sur papier a mené l'humanité aux pires abus et atrocités.

Les wokes doivent comprendre que leur génération n'est pas la première dans l'Histoire à présomptueusement s'estimer meilleure que toutes les précédentes. Ils ont simplement repris le concept du marxisme en remplaçant la lutte des classes par la lutte des ethnies.

Plusieurs parallèles peuvent être établis entre l'idéologie woke et le fascisme. Ce dernier faisait la promotion du suprémacisme blanc. Le wokisme fait la même chose, mais à l'envers : il dénigre tous les Blancs.

Les wokes sont aussi les champions de l'indignation : ils s'offensent de tout et de rien. Qui ose les contredire déclenche leur colère. Je suis désolé, mais s'indigner n'est pas synonyme d'argumenter. La colère ne témoigne pas d'une rhétorique implacable, bien au contraire. En général, on s'emporte quand on peine à argumenter. Pour convaincre, les wokes devraient plutôt ranger leurs émotions et manier davantage leur pensée rationnelle.

Les wokes disent prôner l'approche EDI, soit l'équité, la diversité et l'inclusion. Qui peut être contre la vertu ? Mais comme le dit si bien l'humoriste Guy Nantel[156], au nom de l'inclusion, les wokes excluent ceux qui ne pensent pas comme eux. De plus, tout en prônant la diversité, ils censurent la diversité d'opinions. J'ajouterais qu'ils devraient prôner l'égalité au lieu de l'équité, un concept multiculturaliste consistant plutôt à enfermer les individus dans des groupes identitaires en fonction de leur race, identité de genre, handicap, religion, etc., puis à les classer sur une échelle de victimisation, pour ensuite favoriser ceux qu'ils jugent opprimés au détriment de ceux qu'ils jugent privilégiés.

La grande mode à l'heure actuelle au sein de nos entreprises privées et institutions publiques est de dispenser des formations et certifications EDI. Toutefois, cette mode n'a jamais au préalable fait l'objet d'un débat de société.

Par exemple, aux États-Unis, la société Coca-Cola dispense une formation obligatoire à tous ses employés qui s'intitule «*Be less White*» (soyez moins blanc). Selon cette entreprise, être moins blanc signifie être moins arrogant, moins ignorant, et plus humble. C'est du racisme pur et dur. Quant à moi, si Coca-Cola cherche à s'élever moralement, elle devrait plutôt réfléchir sur l'obésité et les problèmes de santé qu'entraînent ses produits toxiques sur le corps humain.

Au Wokistan, euh pardon, au Canada, les fonctionnaires fédéraux doivent désormais faire leur profession de foi woke tout comme autrefois les fonctionnaires soviétiques devaient être membres du parti communiste. En effet, tous les employés doivent suivre une formation EDI et ensuite réciter son petit catéchisme woke par cœur. Cela n'est pas étranger au fait que Justin Trudeau est le plus woke des chefs d'État occidentaux. Comme son ancien ministre des Finances, Bill Morneau, le dit si bien, Trudeau consacre trop d'efforts à redistribuer la

156. Nantel, G. *Le livre offensant*, Entourage, 2021.

richesse au pays et trop peu de temps à la créer. Excédée par cet endoctrinement woke, Tara Henley, une journaliste de Radio-Canada, a récemment claqué la porte de la société d'État et s'est vidé le cœur:

> « Pour y (Radio-Canada) travailler, il faut passer des entretiens d'embauche qui n'ont rien à voir avec les qualifications ou l'expérience, mais répéter comme un perroquet des discours orthodoxes et faire preuve de fidélité au dogme. »

Le fédéral a imposé des quotas d'embauches à Radio-Canada afin de diminuer la proportion d'hommes blancs hétérosexuels. En manipulant artificiellement le processus d'embauche, le parti au pouvoir s'assure ainsi que la société d'État fait la propagande de son idéologie multiculturelle. Aussi, ne faut-il pas déjà s'étonner que Radio-Canada ne rate pas une occasion de dénigrer la loi québécoise sur la laïcité.

Les fondations mêmes de l'idéologie woke sont erronées. Non, les Blancs ne sont pas plus racistes que les racisés. Le racisme existe aussi entre les Asiatiques. Les Japonais n'ont jamais caché leur racisme envers les Chinois; l'acteur chinois Bruce Lee l'a souvent dénoncé dans ses films. Le racisme existe aussi entre les Noirs. Le génocide des Tutsis au Rwanda par les Hutus en 1994 en est un exemple notoire. Le racisme existe aussi parmi les Autochtones, notamment les Premières Nations envers les Inuits[157]. Les différentes tribus n'ont pas attendu l'arrivée de l'homme blanc pour se massacrer entre eux. Les Occidentaux ne détiennent vraiment pas le monopole du racisme, encore moins de la brutalité et de la terreur. Dans

157. Francis, D. « Les relations entre Indiens et Inuits dans l'est de la baie d'Hudson, 1700-1840 », *Revue Études Inuit Studies*, vol. 3, numéro 2, 1979; Trudel, F. « Les Relations entre Indiens et Inuit dans l'Est de la Baie d'Hudson (1800-1840) », *Université Laval*, 1990.

plusieurs pays d'Amérique du Sud, la hiérarchie sociale est même basée sur la blancheur de la peau.

Bien sûr, le colonialisme européen a commis massacres, viols, et génocides, mais l'Histoire n'est pas plus reluisante du côté des conquêtes mongoles ou arabes. La guerre restera toujours sale, qu'importe qui la gagne. En fait, quand on se compare, on se console. Nos ancêtres anglais et français étaient probablement les plus cléments.

Quoiqu'on fasse, le passé ne s'efface pas, les injustices passées non plus. Dédommager les arrière-petits-enfants des gens qui ont subi des injustices n'apaisera pas rétroactivement leur douleur, car ils sont maintenant morts et enterrés. Subventionner aujourd'hui les jeunes Autochtones au Canada ne règlera en rien les affres que les curés pédophiles ont fait subir à leurs ancêtres. Sinon, où faut-il s'arrêter? Les Allemands d'aujourd'hui devraient-ils dédommager les Juifs d'aujourd'hui pour les horreurs que leurs arrière-grands-parents nazis ont fait subir à leurs propres arrière-grands-parents? Les Britanniques devraient-ils dédommager les Acadiens pour la déportation de leurs familles en Louisiane? Les Arabes dédommager les Espagnols pour la conquête de l'Espagne? Les Italiens dédommager une grande partie de l'Europe pour les massacres de l'Empire romain? Les Anglo-canadiens dédommager les Franco-canadiens (ces nègres blancs d'Amérique) pour avoir tenté de les assimiler et les avoir considérés comme des citoyens de seconde importance pendant des années?

4.2. Le racisme systémique

Les wokes inventent des concepts sulfureux comme le «racisme systémique» et les répètent *ad nauseam* afin de les faire rentrer de force dans nos cerveaux bien qu'ils n'aient pas de fondement empirique. L'adjectif «systémique» se rapporte à un

« système », donc un ensemble cohérent de règles comme une loi ou une réglementation. Certes, le racisme existe à l'échelle individuelle. L'arrestation fatale de George Floyd en 2020 à Minneapolis en est un exemple ignominieux, qu'il faut dénoncer haut et fort. Cependant, les individus racistes ne sont pas tous blancs ni tous occidentaux. Il en existe dans toutes les communautés, et de toutes les couleurs de peau.

En revanche, pour qu'un racisme existe à l'échelle systémique, il doit être codé à même les règles d'une société. Or, c'est tout le contraire en réalité. La loi sanctionne le racisme dans tous les pays occidentaux bien que hélas, ce ne fût pas toujours le cas, en particulier aux États-Unis. La seule loi au Canada qu'on peut encore juger discriminatoire est ladite « Loi sur les indiens »[158], car elle accorde des droits différents aux citoyens canadiens selon qu'ils sont autochtones ou non. Mais paradoxalement, c'est le fédéral qui accuse le Québec de racisme avec sa loi 21.

Le racisme est par définition un jugement non fondé basé sur la race (en fait l'ethnie pour être plus exact), tout comme le sexisme est un jugement non fondé basé sur le sexe. Toutefois, si le jugement est fondé, alors ce n'est plus du racisme.

Chaque ethnie excelle sur certains plans. Par exemple, si vous devez coucher dehors par -20 °C pendant une semaine, il vaut mieux avoir des gènes inuits. En revanche, ces mêmes gènes métabolisent très mal le sucre de canne et l'alcool. Même une faible consommation d'aliments à index glycémique élevée comme les boissons gazeuses entraîne l'obésité[159]. Les taux élevés de dépendance aux substances observés dans certaines

158. Loi fédérale canadienne : https://laws-lois.justice.gc.ca/fra/lois/i-5/

159. Reading, J. « Les déterminants sociaux de la santé chez les Autochtones : Approche fondée sur le parcours de vie », *Rapport présenté au sous-comité sénatorial sur la santé de la population, Sénat du Canada*, 30 mars 2009 https://sencanada.ca/content/sen/Committee/402/popu/rep/appendixAJun09-f.pdf.

tribus autochtones sont probablement une combinaison de facteurs environnementaux et génétiques dont un manque de certaines enzymes métabolisantes[160]. En 2007, 58 % des jeunes Autochtones âgés de 15 à 17 ans étaient des consommateurs de drogue et d'alcool[161]. Ces différences sont documentées scientifiquement et les reconnaitre ne constitue pas du racisme; au contraire, les nier constitue du racisme.

Les Premières Nations au Canada sont loin d'être génétiquement homogènes et certaines ethnies sont moins habilitées à vivre en société que d'autres. En effet, les Autochtones sont surreprésentés dans les prisons canadiennes, tout particulièrement dans les provinces des prairies (en 2018-2019, 75 % de la population carcérale contre 15 % de la population générale)[162]. Il faut être bien naïf pour croire que cette statistique s'explique exclusivement par le racisme de notre société envers les Autochtones. Idem pour la violence conjugale (plus de quatre fois plus élevée chez les Inuits[163]).

Chaque profil génétique présente ses forces et faiblesses. Par conséquent, on peut facilement comprendre que certains profils performent mieux à certaines tâches que d'autres, et vice-versa. Par exemple, les Jamaïcains sont nettement supérieurs au sprint de 100 mètres alors que les Africains de l'Ouest excellent dans la course de fond. C'est pourquoi la notion de quota d'emploi basée sur la race dans les entreprises et la fonction publique est scientifiquement ridicule et socialement contre-productive. En fait, cette discrimination dite

160. Ehlers, C. et coll. « Evidence for a Genetic Component for Substance Dependence in Native Americans », *The American Journal of Psychiatry*, 1er février, 2013, https://doi.org/10.1176/appi.ajp.2012.12010113

161. Agence France-Presse. « Les jeunes autochtones durement touchés par l'alcoolisme et la toxicomanie », *La Presse*, le 14 mai 2010.

162. Selon Statistiques Canada, https://www150.statcan.gc.ca/n1/pub/85-002-x/2020001/article/00016-fra.htm

163. Selon Statistique Canada, *idem*.

positive constitue du racisme alors qu'elle est pourtant censée combattre le racisme. On ne doit pas s'attendre par exemple à retrouver chez les juges nécessairement la même proportion de minorités visibles que dans la société bien que ce concept soit socialement attrayant. La compétence doit demeurer le seul critère de sélection et ensuite nous devons accepter la proportion qui en résultera, qu'elle soit conforme ou non à notre idéal chimérique.

Les premiers *Homo sapiens* étaient noirs et vivaient à des endroits et à des époques où le climat était relativement clément. Ces chasseurs-cueilleurs étaient plutôt tribalistes. Puis, plusieurs vagues migratoires se sont succédé en réaction à des phénomènes météorologiques, des famines, et des conflits. Des populations ont migré vers des régions plus froides où la survie requerrait davantage de collaboration sociale et une peau apte à générer autant de vitamine D malgré un plus faible ensoleillement. La sélection naturelle a donc favorisé le développement d'aptitudes sociales ainsi qu'une baisse de la quantité de mélanine dans la peau. Une partie de la population s'est même croisée avec l'homme de Néandertal qui résistait mieux au froid. D'ailleurs, les tests génétiques commercialisés aujourd'hui détectent chez plusieurs personnes une certaine proportion de gènes néandertaliens.

En d'autres termes, le froid a grandement contribué à socialiser l'être humain, les antisociaux qu'on expulsait dehors à -40 °C ne se reproduisant pas autant. Aussi ne faut-il pas s'étonner d'observer encore aujourd'hui une corrélation entre l'organisation sociale et la géographie. L'incidence de violence criminelle (à ne pas confondre avec la violence induite par la guerre envers un autre pays) est plus faible dans les pays nordiques que dans les pays africains ou moyen-orientaux. Il existe un écart de 11 degrés Celsius entre la moyenne des températures annuelles moyennes des 20 pays les plus criminellement violents sur la planète et celle des 20 pays les plus paisibles[164]. Même en éliminant le facteur du niveau économique du pays, un écart de quatre degrés Celsius persiste[165]. D'aucuns argumenteront que toutes autres variables étant égales par ailleurs, la température à elle seule peut exacerber la propension à la violence; toutefois, ce phénomène demeure marginal comparé à la corrélation entre la génétique typique des habitants d'un pays et sa température moyenne annuelle.

De façon générale, il faut donc s'attendre à ce que les ethnies dont les ancêtres vivent depuis plus longtemps en grande société aient naturellement développé de meilleures aptitudes sociales, dont notamment une moins grande propension au crime. On peut alors facilement concevoir le décalage génétique qui existait au départ entre les populations autochtones en Amérique du Nord et les premiers colons européens. D'abord, plusieurs Autochtones sont décédés parce qu'ils n'avaient pas développé l'immunité collective pour lutter contre les micro-organismes pathogènes que les Européens asymptomatiques transportaient. Puis, la plupart des Autochtones avaient de la difficulté à s'intégrer à une société de style européen d'où leur qualificatif péjoratif de *sauvages*. Et évidemment l'intolérance à l'alcool n'aidait pas leur cause.

Ainsi, le colonialisme blanc a le dos large. C'est facile aujourd'hui de juger rétroactivement les gouvernements de l'époque qui retiraient les jeunes Autochtones de leur milieu naturel pour les envoyer s'instruire au pensionnat. L'intention,

164. L'indice de violence par pays provient du site https://www.visionofhumanity.org/maps/#/ et la température moyenne annuelle par pays de Wikipédia: https://en.wikipedia.org/wiki/List_of_countries_by_average_yearly_temperature

165. Je me suis basé ici sur l'écart-type de la corrélation linéaire entre le revenu per capita et l'indice de violence. Le revenu per capita est le produit intérieur brut ramené sur une base de parité en termes de pouvoir d'achat et provient de Wikipédia: https://en.wikipedia.org/wiki/List_of_countries_by_GDP_(PPP)_per_capita

bien que maladroite, n'était pas malveillante; on voulait leur donner une chance d'*évoluer* et de s'intégrer à la société. L'objectif du gouvernement n'était pas de fournir de la viande fraiche aux curés et moines pédérastes. Ces derniers n'épargnaient pas davantage les jeunes Blancs quand ils assouvissaient leurs pulsions pédophiles; les orphelins de Duplessis en sont la pitoyable preuve.

Aujourd'hui, le problème de l'intégration sociale se pose moins, car il n'existe pratiquement plus d'Autochtones non métissés. Les Autochtones sont donc plus aptes à vivre dans des sociétés complexes comme la nôtre. Certes, plusieurs Autochtones talentueux au XXe siècle ont été négativement discriminés pour des emplois sur la simple base de leur ethnie. En revanche, aujourd'hui, le phénomène inverse se produit à cause des politiques gouvernementales qui épousent l'idéologie woke. Le pendule social est donc passé d'un extrême à l'autre. Or, toute forme de discrimination non fondée doit cesser, qu'elle soit positive ou négative. Nous connaitrons la véritable justice sociale quand le pendule s'immobilisera au milieu.

4.3. La culture du bannissement

Les wokes pratiquent la culture du bannissement (*Cancel Culture* en anglais) qui consiste à purifier la littérature et l'Histoire de tout passage offensant. Pourtant, mettre des livres à l'index, brûler des bandes dessinées aussi inoffensives que Tintin, Astérix, et Lucky Luke comme l'ont fait une trentaine d'écoles en Ontario en 2021 ou encore déboulonner la statue de John A. Macdonald en plein centre-ville de Montréal n'effacera pas le passé. Et où étaient les policiers quand cet abject acte de vandalisme a été commis en 2020? Ils contemplaient paisiblement la scène puisque dans notre société, les wokes peuvent commettre impunément des actes criminels au nom de leur cause.

Que ce soit pour la statue de John A. Macdonald, d'Abraham Lincoln, ou de Winston Churchill, les déboulonneurs agissent selon le même modus operandi: ils jugent un personnage historique pour un événement isolé sans tenir compte du contexte historique. Bref, ils agissent par ignorance et pourtant, ils se sentent investis d'un sentiment de supériorité morale. On peut être d'accord ou non avec les politiques de John A. Macdonald, mais il demeure quand même le 1er premier ministre canadien et le Père de la Confédération. Décidément, les wokes sont très présomptueux.

La mode woke a généré toute une hystérie autour du mot «nègre», le mot en «n» (le *N-word* en anglais). Il faut désormais bannir ce mot partout, dans toutes conversations ainsi que dans toutes œuvres, y compris dans les œuvres passées.

En 2019, la CBC a congédié Wendy Mesley, une journaliste aux affaires publiques, pour avoir prononcé le *N-word* lors de deux réunions de travail – une fois en rapportant les propos d'une collègue s'étant fait insulter de la sorte et l'autre en citant l'essai *Nègres blancs d'Amérique* de Pierre Vallières qui pourtant traite du Québec et non des Noirs. La même année, à la suite d'une plainte de 200 étudiants, l'Université Concordia a failli destituer sa professeure Catherine Russell pour avoir cité la même œuvre durant un cours.

En 2020, deux commissions scolaires anglophones du Québec ont rappelé un manuel d'histoire du Québec, car il mentionnait également l'essai de Vallières; faute de pouvoir réimprimer le manuel, tous ses exemplaires ont été caviardés un à un.

La même année, *Dix petits nègres*, le plus célèbre des romans policiers de la romancière britannique Agatha Christie, a dû être rebaptisé *Ils étaient dix*.

L'Université d'Ottawa a suspendu la professeure Verushka Lieutenant-Duval, pour avoir aussi prononcé le mot « nègre » dans un contexte d'enseignement. Puis, 34 professeurs de l'Université d'Ottawa ont signé une pétition pour la soutenir, ce qui a provoqué l'ire de la direction et de certains étudiants. Sur les réseaux sociaux, ces derniers appelaient à boycotter leurs cours, à vandaliser leurs bureaux, ainsi qu'à les congédier. L'étudiante, pourtant blanche, à l'origine de la plainte a même publié l'adresse personnelle de madame Lieutenant-Duval sur les réseaux sociaux, ce qui lui a causé une grande anxiété ; en effet, le professeur précédent dont on avait publié l'adresse personnelle, Samuel Paty, venait de se faire décapiter !

Pendant ce temps, Amir Attaran, un autre professeur de la même université qui a affirmé à plusieurs reprises sur Twitter que le Québec est raciste et dirigé par un gouvernement « suprémaciste blanc » s'en est tiré sans aucune sanction.

Deux plaintes de racisme ont aussi été déposées contre une chargée de cours en littérature de l'Université McGill parce qu'elle a recommandé la lecture de *Forestiers et voyageurs*, un roman folklorique écrit en 1863 par Joseph-Charles Taché qui parle de draveurs, de trappeurs et de bûcherons, mais qui hélas… mentionne le mot en « n » à la page 99. Essentiellement, ses élèves lui reprochent de ne pas les avoir préparés au « choc émotionnel » de lire le mot *nègre* !

Tout récemment, le CRTC a blâmé la Société Radio-Canada (SRC) pour l'utilisation répétée du « mot en n » pendant un segment de l'émission radiophonique *Le 15-18*, animée par Annie Desrochers et il exige du diffuseur public des excuses écrites publiques. Pourtant, le chroniqueur Simon Jodoin y donnait simplement son avis sur la saga à l'Université Concordia, mentionnée plus tôt au sujet du titre du livre de Pierre Vallières. Dans une lettre ouverte publiée dans *La Presse*, un groupe de 13 cosignataires incluant d'anciens ombudsmans, mais également d'anciens directeurs de l'information, journalistes et animateurs de Radio-Canada, ainsi que l'ex-présidente du Conseil de presse du Québec, ont décrié ce blâme injustifié et injustifiable. Malgré tout, Radio-Canada s'est, hélas, excusée auprès du CRTC. La bonne nouvelle, toutefois, est qu'elle porte la cause en appel. À suivre...

S'il faut éliminer tous les livres contenant le mot en *n*, nos poubelles de recyclage vont déborder. Ensuite, faudra-t-il aussi purger nos bibliothèques de tous les livres contenant le mot en *s* soit le mot sauvage qui désignait autrefois les Autochtones? Et quel autre mot ensuite? Où s'arrêtera cette hystérie?

Mais gare au professeur qui osera poser la question! Martin Drapeau, professeur et chercheur en psychologie à McGill, l'a appris à ses dépens. Il a confié à Radio-Canada avoir goûté à la culture du bannissement[166]:

> «Du jour au lendemain, je suis devenu *persona non grata*, un moins que rien.»
> [...]
> « Le désespoir, je l'ai rencontré. J'ai vu le fonds du baril de près. Après 20 ans de travail acharné, on a bousillé ma carrière sans raison. Ç'a été un cauchemar et ce n'est pas terminé, j'en bave encore. J'avais déjà fait face à de l'adversité dans ma vie, mais ça, ça, c'est pernicieux, absurde, kafkaesque.»

Dans une entrevue avec Isabelle Hachey de *La Presse*[167], Samuel Veissière, anthropologue et professeur au département de psychiatrie de l'Université McGill, commente cette censure

166. Dubreuil, É. «Martin Drapeau, un professeur en liberté d'enseignement surveillée», *Radio-Canada*, le 13 mai 2022.

167. Hachey, I. «Le clientélisme, c'est ça», *La Presse*, 22 février 2021.

à la sauce woke. Il constate que les étudiants d'aujourd'hui «sont plus fragiles et souffrent beaucoup plus de troubles de santé mentale.» Or, il se dit convaincu que la culture du bannissement, loin de les protéger contre les micro-agressions, aggrave encore davantage leur problème de santé mentale:

> «La montée de cette culture est liée à une génération d'enfants-rois, croit-il. Leurs parents ont toujours réglé leurs problèmes et ils exigent un peu la même chose des universités. Si on leur donne ce qu'ils demandent, on ne leur rend pas service, à ces étudiants.»

Comme je l'anticipais dans le quotidien *La Presse* en 2012[168] en pleine crise des carrés rouges, élever la dernière génération en enfants-rois allait entraîner des conséquences. Selon Simon Sinek[169], les parents de la génération des millénariaux ont échoué à leur devoir parental en adhérant à des modes pédagogiques tout autant idéalistes que désastreuses. Dire à ses enfants qu'ils étaient exceptionnels, qu'ils pouvaient avoir tout ce qu'ils désiraient dans la vie et leur donner des récompenses qu'ils ne méritaient pas, a détruit leur estime de soi arrivés à l'âge adulte. De plus, à force de leur procurer instantanément ce qu'ils veulent d'un seul clic de souris, l'Internet les a rendus impatients et incapables d'investir les efforts requis derrière toute grande réalisation. Selon lui, l'abus des médias sociaux a rendu cette génération superficielle, inapte à nouer de véritables amitiés et profondément malheureuse.

D'origine haïtienne, Dany Laferrière, l'auteur du roman *Comment faire l'amour avec un nègre sans se fatiguer* est même

168. Gagnon, R. «L'enfant-roi a grandi», *La Presse*, 16 mai 2012.

169. Simon Sinek (1973-), conférencier britannique, consultant organisationnel et auteur de livres sur le management et la motivation.

intervenu publiquement pour dire aux universitaires de se calmer le pompon avec le mot en N. Alors que l'université était un haut lieu intellectuel où l'on cherchait continuellement à réinventer le monde, aujourd'hui la plupart des étudiants et professeurs s'autocensurent par crainte que leurs propos soient jugés offensants et de devenir la prochaine victime de l'inquisition woke. Le climat académique est rendu toxique, ce qui ne favorise aucunement l'innovation idéologique dont on s'attend de nos institutions d'enseignement supérieur. Si la liberté d'expression n'existe plus à l'université, où existera-t-elle ?

Heureusement, le gouvernement du Québec a déposé en juin 2022 le projet de loi 32 qui vise à rétablir la liberté académique universitaire à tout le moins dans les universités québécoises. Ce projet, basé sur les conclusions de la commission Cloutier, oblige les universités à adopter une politique afin d'interdire la censure ainsi que l'imposition aux professeurs d'inclure « traumavertissements » dans leurs plans de cours. Les traumavertissements sont ces espèces d'avertissements débiles qu'on retrouve notamment au début des films du genre « Certaines scènes peuvent contenir un langage obscène. » Espérons que les autres universités en Amérique emboîtent le pas, mais c'est beaucoup espérer de la part des recteurs constipés des universités anglo-saxonnes.

La censure délirante ne s'arrête pas au mot nègre. En 2019, Disney a éliminé le chat siamois Shun Gon qui joue du piano avec des baguettes chinoises dans les *Aristochats* puisqu'il véhiculerait un stéréotype à propos des Chinois.

L'Université McGill a abandonné *Redmen*, le nom centenaire de ses équipes sportives masculines pour ne pas offenser les Autochtones bien que l'origine historique du nom n'ait rien à voir avec eux.

En 2020, l'actrice Anne Hathaway qui interprète une terrifiante sorcière à trois doigts dans le film *The Witches* a dû présenter ses excuses aux handicapés dont il manque un ou plusieurs doigts.

La culture du bannissement sert aussi à censurer des auteurs et des conférenciers. En 2019, l'Alliance des professeures et professeurs de Montréal a expulsé Nadia El-Mabrouk, une professeure en informatique de l'Université de Montréal, qui l'avait originellement invitée à participer à un colloque dans le cadre de son 100e anniversaire. On reproche tout simplement à cette néo-Québécoise d'origine tunisienne de supporter la loi québécoise sur la laïcité. Pourtant, cette loi est appuyée par la majorité des professeurs membres de ce syndicat. Mais les wokes n'ont que faire de la démocratie; ils imposent leur propre loi, envers et contre tous. En 2020, l'Association des librairies du Québec a même censuré une vidéo du premier ministre du Québec, François Legault, dans lequel il présentait ses récentes lectures favorites, sous prétexte que ces dernières comprenaient l'essai *L'empire du politiquement correct* de Mathieu Bock-Coté qui OSE remettre en question l'idéologie woke.

Voilà maintenant un exemple personnel. En août 2021, au cours d'un autre moment de délire, des manifestants wokes ont renversé la statue de John A. Macdonald, au centre-ville de Hamilton en Ontario. J'ai tenté d'acheter une photo de cet événement de la banque d'images Alamy. Croyez-le ou non mais un représentant de l'entreprise m'a informé qu'il leur était interdit de vendre une telle photo au Canada et aux États-Unis! Finalement, j'ai réussi à acheter une photo du *Toronto Star*. C'est la photo qui apparait au début du chapitre.

La tolérance des wokes présente un double standard. Autant ils peuvent accuser un individu lambda d'homophobie ou de misogynie pour une mauvaise blague, autant ils sont tolérants à cet égard envers les intégristes religieux. La députée Ruba Ghazal de Québec solidaire a même proposé que des femmes fonctionnaires puissent porter le niqab et même la burqa au travail! Or, le gouvernement du Canada supporte ce double standard. En vertu de l'alinéa b) de l'article 319 (3) du Code criminel, les gens religieux peuvent se soustraire de l'application de la loi contre la propagande haineuse. Ce privilège est injustifié et injustifiable. Un homosexuel qui critique la position homophobe de l'islam se verra accusé d'islamophobie alors que l'imam montréalais Sulaiman Al-Hayiti a pu déclarer en toute impunité:

> «Les homosexuels qu'on trouve en train de faire la sodomie, leur peine est qu'on coupe la tête de celui qui le fait et de celui qui le subit[170].»

Ainsi le discours haineux est désormais autorisé au nom de la religion, mais, comme je le dénonçais dans un article dans le quotidien *Métro*[171], toute critique de la religion même fondée et objective est désormais interdite. D'ailleurs, les accusations d'islamophobie fusent désormais à tort et à travers. C'est devenu l'un des outils les plus efficaces pour neutraliser un ennemi politique. Le Conseil national des musulmans canadiens ne se gêne d'ailleurs pas pour s'en servir. Un bon exemple est la saga qu'a vécue le pédiatre montréalais, Dr Sheri Emil, que je raconte au chapitre 1.

4.4. La discrimination positive

Un autre délire woke est le concept d'appropriation culturelle. C'est en vertu de ce concept étriqué que Robert Lepage, l'auteur québécois de *SLAV*, une pièce qui fait revivre des chants d'esclaves afro-américains, a été sévèrement blâmé

170. de Pierrebourg, F. «Un imam montréalais refoulé en France», *La Presse*, 26 octobre 2013.

171. Gagnon, R. «L'accusation d'islamophobie: une arme redoutable dans une société multiculturaliste», *Métro Média*, le 15 janvier 2022.

parce que la chanteuse principale... n'était pas noire! Le Conseil des arts du Canada, dont le mandat est de promouvoir le travail des artistes, mais aussi la propagande multiculturaliste de Justin Trudeau, s'est empressé de se dissocier de l'œuvre de Lepage.

Pourtant la voix aussi chaude que bouleversante de Betty Bonifassi était on ne peut plus appropriée à l'œuvre. Pour un chanteur, la voix n'est-elle pas plus importante que la couleur de la peau? S'est-on déjà plaint que la soprano japonaise Hiromi Omura chante *Carmen* de Bizet? Ou encore que la cantatrice afro-américaine Leontyne Price chante *Aïda* de Verdi?

Dans la même foulée, les producteurs nord-américains de *Kanata*, une autre pièce de Lepage qui traite cette fois-ci des Autochtones, ont retiré leur financement parce que les comédiens... n'étaient pas autochtones. Heureusement, le spectacle a finalement abouti six mois plus tard en France, au théâtre de la Cartoucherie à Vincennes pour une période de trois mois. C'est bien simple, au Canada personne n'en voulait.

Tout récemment, c'est au tour de la talentueuse percussionniste Mélissa Lavergne de se faire montrer la porte au titre de porte-parole de la 36e édition du festival Nuits d'Afrique de Montréal. Encore une fois, ses détracteurs lui reprochent de ne pas être d'origine africaine...

La discrimination positive constitue quand même de la discrimination. La discrimination est une injustice. Créer une nouvelle injustice n'efface en rien une injustice passée. Ne reproduisons pas les erreurs du passé; seule la compétence objective devrait compter pour octroyer une chaire de recherche, une bourse d'études ou un emploi. Favoriser un candidat moins compétent parce qu'il appartient à une minorité visible qu'il soit racisé, handicapé, ou sexuellement atypique constitue non seulement une injustice, mais pénalise la société entière. À partir du moment où la discrimination remplace la compétence, la société régresse.

Pourtant, le gouvernement canadien ne débourse plus un sou sans faire de discrimination positive. En juin 2022, le CRTC a renouvelé les licences de Radio-Canada, pour les cinq prochaines années, en imposant de nouvelles exigences:

> «Une portion fixe des dépenses de programmation indépendante devra être consacrée à la programmation produite par les peuples autochtones, les communautés de langue officielle en situation minoritaire (CLOSM), les Canadiens racisés, les Canadiens en situation de handicap et les Canadiens qui s'auto-identifient à la communauté LGBTQ2.»

Comme le fait valoir la journaliste Sophie Durocher dans le *Journal de Montréal*[172]:

> «Ce que ça signifie, c'est que les producteurs seront choisis en fonction de ce qui se passe dans leur chambre à coucher, de leurs capacités physiques, de leur langue, selon la couleur de leur peau ou de leurs origines ethniques (autochtones ou non autochtones).»

Au printemps 2022, un concours de l'Université Laval pour des postes dans des chaires de recherche du Canada (CRC) en biologie ciblant les femmes, les Autochtones, les personnes ayant un handicap et les minorités visibles, et excluant implicitement les hommes blancs hétérosexuels *de facto* a causé tout un émoi. L'Université s'est défendue en accusant le gouvernement fédéral d'être l'auteur de ces critères discriminatoires.

172. Durocher, S. «Le mandat woke de Radio-Canada», *Journal de Montréal*, 10 août 2022.

En effet, les institutions d'enseignements qui ne suivent pas ces prescriptions totalitaristes se font carrément couper leur financement. Les wokes ont beau être minoritaires dans la société, ils noyautent les médias, le gouvernement et bientôt les institutions d'enseignement. Ils imposent leur doctrine en Amérique du Nord comme les communistes imposaient autrefois la leur en Union soviétique.

L'idéologie woke a infecté les facultés des sciences humaines dans les universités depuis belle lurette. Dans un article publié dans le *Nouvelliste*[173], je déplorais que, hélas, les sciences appliquées non plus n'échappent à cette démentielle pandémie idéologique. Par exemple, le programme de chaires de recherche Marcelle-Gauvreau de l'École de technologie supérieure qui dispose d'une enveloppe budgétaire de cinq millions de dollars désirait attribuer dix chaires de recherche à des chercheurs, mais surtout à des chercheuses, sélectionnées afin de favoriser les valeurs EDI, soit l'équité, la diversité et l'inclusion; vous aurez deviné qu'aucun des candidats retenus n'est un homme blanc francophone. Encore une fois, je comprends l'importance des valeurs d'équité, diversité et inclusion afin de pourvoir un poste de professeur en sciences humaines ou sociales. Toutefois, les candidats les plus doués avec la technologie sont rarement les plus doués sur le plan humain. Pardonnez mon égoïsme, mais quand je prends l'avion, ma principale préoccupation est qu'il ne s'écrase pas au sol et donc qu'il ait été conçu par des ingénieur(e)s et technicien(ne)s techniquement compétent(e)s. Les valeurs humanitaires des ingénieur(e)s et technicien(ne)s ayant conçu l'avion m'importent peu.

À la suite de la publication de mon article dans le *Nouvelliste*, j'ai été convoqué en visioconférence par nul

173. Gagnon, R. « Même les sciences appliquées n'échappent plus à l'idéologie woke », *Le Nouvelliste*, le 31 janvier 2022.

autre que Ghyslain Gagnon, doyen de la recherche de l'École de technologie supérieure. Nous avons eu une discussion franche et courtoise durant laquelle chacun a exposé son point de vue, mais il n'y a pas eu de consensus. En fait, j'ai réalisé que l'idéologie woke pousse les scientifiques eux-mêmes à remettre en cause les prémisses de la science et son idéal d'objectivité, sous prétexte d'être colonialistes, hégémoniques, patriarcales, ou offensants pour des minorités considérées intrinsèquement vulnérables.

Un autre sous-produit de l'idéologie woke est le clientélisme académique. Bien sûr, le but de toute entreprise privée est le profit et les écoles privées n'y font pas exception; c'est pourquoi toute entreprise privée doit prendre bien soin de ses clients. Après tout, les étudiants sont des clients qui payent pour obtenir un diplôme, lequel devrait ensuite leur ouvrir les portes du marché du travail. Dans une certaine mesure, les écoles n'échappent pas non plus à cette règle, car elles peuvent perdre leur clientèle au profit de l'école privée. Ce sont des vases communicants.

Néanmoins, si un diplôme devient trop facile à obtenir, il perd sa valeur concurrentielle. Par surcroît, au-delà de ces considérations marketing, les enseignants et chercheurs se sentaient autrefois investis d'une noble mission, celle de transmettre le savoir de l'humanité et de l'augmenter par la recherche. Or, l'appât du gain immédiat semble désormais détrôner cet idéal si bien que les institutions abaissent continuellement la barre pour décrocher le diplôme. La face cachée de ce clientélisme est qu'il devient de plus en plus difficile de couler un étudiant. À cause du wokisme, un professeur doit désormais ménager la susceptibilité de ses élèves sans quoi il met sa carrière en jeu.

Un extrait de roman de l'écrivaine Sylvie Germain s'est retrouvé à l'examen du bac de français cette année en France. Or, madame Germain a reçu un torrent d'insultes et de menaces sur les réseaux sociaux[174] de la part d'élèves qui ont trouvé son texte trop difficile à lire et qui, par conséquent, craignent de couler leur examen. En réalité, ces attaques sont un prétexte pour ces jeunes pour camoufler leur faible niveau scolaire. L'écrivaine les dénonce:

> «C'est grave que des élèves qui arrivent vers la fin de leur scolarité puissent montrer autant d'immaturité, et de haine de la langue, de l'effort de réflexion autant que d'imagination, et également si peu de curiosité, d'ouverture d'esprit.»

La situation est encore pire au Québec où 63,1 % des diplômés du secondaire et même 26,7 % des diplômés universitaires sont des «analphabètes fonctionnels»; ils arrivent à peine à lire[175]. Ce sont typiquement les gens qui vont commenter un article en ligne sans même en avoir compris le contenu.

L'effet probablement le plus pernicieux de l'idéologie woke est qu'en ne récompensant plus la performance, celle-ci n'est plus valorisée ni encouragée. Selon l'idéologie woke, la quête de l'objectivité ou du perfectionnisme est liée à la suprématie blanche. Or, en perdant son intérêt pour la performance et le mérite, l'Occident s'enfonce inexorablement dans la médiocrité.

174. Ouibrahim, C. «Bac 2022 : une écrivaine menacée sur Internet, car son texte est jugé trop difficile», *Psychologies*, 24 juin 2022, https://www.psychologies.com/Actualites/Societe/Bac-2022-une-ecrivaine-menacee-sur-Internet-car-son-texte-est-juge-trop-difficile?fbclid=IwAR0YEJPtboHQhqdjyZ3gW7idsoq6jVr_ufQEqDVXIJZR9C-coum_s7M2RsRk

175. Bordeleau, J.-L., «Encore 2,5 millions de Québécois peinent à lire des textes compliqués», *Le Devoir*, 8 septembre 2022.

À en croire le discours masochiste des wokes, tous les maux de l'humanité proviennent de l'Occident. Il faut donc anéantir la culture occidentale. Voilà un projet qui plait bien à la Chine qui rêve de retrouver son hégémonie mondiale.

Laurel Hubbard, première athlète trans aux jeux olympiques en 2021.

«Les personnes qui ont leurs règles»...
je suis sûre qu'on avait un mot
pour désigner ces personnes, avant.
Que quelqu'un m'aide. Fammes? Fommes? Fimmes?
J.K. Rowling

5. L'idéologie du genre

5.1. Biologie 101

Avec l'idéologie du genre, le déni de la biologie atteint son paroxysme. Autrefois, le créationnisme des évangélistes de droite était pratiquement le seul ennemi de la théorie de l'évolution de Darwin. Aujourd'hui, on compte un nouvel ennemi à gauche: le constructivisme, idée selon laquelle le sexe est une construction sociale et non une donnée biologique. C'est ni plus ni moins du créationnisme version 2.0. Toutefois, ces nouveaux créationnistes de gauche causent plus de dommages que leurs alter ego de droite, car ils détiennent le pouvoir dans le milieu universitaire. À l'instar des wokes avec l'islamophobie, ces nouveaux créationnistes se sont eux aussi dotés d'un néologisme pour fustiger leurs ennemis idéologiques: la *transphobie.* Ainsi, sont traités de transphobes tous ceux qui les contredisent incluant évidemment des biologistes. Commençons donc ici par ramener les pendules à l'heure avec un petit cours de biologie 101 puisque plusieurs diplômés universitaires issus des facultés de sciences humaines semblent avoir séché cette matière à l'école. Ils n'ont pas encore compris qu'il existe des différences naturelles, biologiques et physiques entre les hommes et les femmes.

La vie est apparue sur Terre il y a environ quatre milliards d'années. Au départ, il s'agissait de micro-organismes très simples et non sexués. Avec le temps et avec la sélection naturelle, ces organismes ont muté en des êtres de plus en plus complexes. Éventuellement, la sexuation est apparue, vraisemblablement avec les premiers eucaryotes, il y a un plus d'un milliard d'années. Cet événement a joué un rôle majeur dans l'évolution de la biosphère. En effet, la reproduction sexuée entraînait désormais de nouvelles combinaisons génétiques et accélérait ainsi le processus évolutif de l'espèce par la sélection naturelle des meilleures combinaisons.

Chez certaines espèces, on dénombre jusqu'à 48 types sexuels[176], mais chez la plupart des espèces, on n'en distingue que deux, qu'on a baptisés mâle et femelle. C'est notamment le cas dans la classe des mammifères, dont le genre humain fait partie. Dans cette classe, la distinction des sexes est liée à une distinction chromosomique. On y distingue en effet deux chromosomes sexuels, notés X et Y.

Chaque cellule humaine contient 23 paires de chromosomes, dont une paire de chromosomes sexuels. Le sexe d'un humain est déterminé par cette dernière. Sous réserve d'anomalies génétiques rarissimes, les femelles possèdent deux chromosomes X (XX), tandis que les mâles possèdent un chromosome X et un chromosome Y (XY). Les enfants dits intersexes dont parlent abondamment les activistes trans ne représentent en fait qu'un négligeable 0,02 % de la population[177]. Et de toute

176. C'est le cas des Ciliophora, un protozoaire unicellulaire de la division des Alveolata.
177. Wright, C. «The New Evolution Deniers», *Quillette*, 30 novembre 2018, https://quillette.com/2018/11/30/the-new-evolution-deniers/?fbclid=IwAR3c3X-57qoU8mKu-FXxyPaN3QifyBqKtvMMHD5ZlmEbKdglQKS6AQXJN4eQ

façon, leur intersexualité n'est pas arbitraire, mais biologiquement déterminée.

Chez les humains, il y a donc deux sexes, les hommes et les femmes. Il n'y a pas trois sexes, ni quatre ni cent. Seulement deux. Il ne s'agit pas non plus d'un spectre; la sexualité est binaire tout comme les bits en informatique. Sauf en cas de rarissimes accidents génétiques, chaque humain est soit un homme, soit une femme; il ne peut être les deux à la fois ni un mélange des deux. La distinction entre l'homme et la femme est biologique. Elle n'a rien d'une construction sociale et n'a rien à voir avec la culture. Le sexe n'est pas *assigné* à la naissance, mais *constaté*. Cette nuance est importante.

Comme nous le verrons plus loin, l'homme et la femme sont deux créatures fort différentes, tant au niveau physique que psychique.

Les humains et la plupart des animaux sont d'abord conçus femelles et changent ultérieurement de sexe dans l'utérus en présence du chromosome Y. Ce changement survient habituellement huit semaines après la fécondation chez l'humain; toutefois, lorsqu'il y a déficience de l'enzyme 5α-réductase, il peut survenir aussi tard qu'à la puberté. Cette déficience est particulièrement fréquente chez les *guevedoces*, une population de la République dominicaine. Le cas échéant, le clitoris devient un pénis et la jeune fille devient un homme vers l'âge de 12 ans.

Ensuite, il y a l'orientation sexuelle. La plupart des humains (96 % au Canada[178]) sont hétérosexuels pour des raisons évolutives triviales. L'homosexualité existe chez certains mammifères, dont l'*Homo sapiens*, pour des raisons évolutives que nous verrons plus loin. C'est une réalité biologique ancestrale

178. Statistiques Canada: https://www150.statcan.gc.ca/n1/daily-quotidien/210615/dq210615a-fra.htm

pour laquelle aucune thérapie n'est à prescrire, contrairement à ce que certains militants d'extrême droite et représentants du clergé tentent de nous faire croire. Les autres pratiques sexuelles alternatives (sexualité de groupe, sadomasochisme, ondinisme, et autres paraphilies) sont contemporaines et exclusives à l'être humain. Ces phénomènes ludiques ne sont pas des adaptations évolutionnistes, mais simplement des produits dérivés du mécanisme biologique du plaisir, lequel joue un rôle important dans le processus de sélection naturelle. Tant que ces pratiques surviennent entre adultes consentants, il n'y a que les prêtres, imams et rabbins pour s'en offusquer. Toutefois, indépendamment de l'orientation sexuelle, un mâle demeure un mâle et une femelle demeure une femelle.

Finalement, il y a les genres. Au départ, il y en avait deux: un genre masculin et un genre féminin, le premier associé aux hommes et le second associé aux femmes. Aujourd'hui, on en compterait jusqu'à 112[179] ! Toutefois, on s'entend que pour la grande majorité de la population, le genre est encore l'un ou l'autre des deux premiers genres et qu'il correspond aussi au sexe habituel.

Contrairement au sexe, le genre est un ensemble de comportements et de rôles dans la société; c'est une construction sociale subjective et arbitraire. Même les deux premiers genres varient selon les époques et les cultures. Aujourd'hui, une femme élégante porte typiquement des talons hauts. Pourtant, autrefois, le roi Louis XIV en portait aussi, mais n'était pas efféminé pour autant; des hommes de son époque se poudraient et se maquillaient les joues en rouge. En France, seules les femmes portent des jupes. En Écosse, certains hommes en portent aussi (on appelle ça alors des kilts); et c'était courant à l'époque romaine. Le fait d'associer la couleur rose aux femmes

179. https://dudeasks.com/how-many-genders-are-there-in-2022/

et le bleu aux hommes est un autre exemple de construction sociale subjective.

Du côté des rôles, pendant longtemps en Occident, les hommes travaillaient à l'extérieur et les femmes restaient à la maison pour s'occuper des jeunes enfants, de l'entretien ménager et des repas; c'est encore ainsi dans plusieurs pays. Certains métiers et professions étaient réservés aux hommes comme policier et médecin. Aujourd'hui, le paysage professionnel s'est métamorphosé, comme nous le verrons à la section 4.

Lorsqu'il n'y avait que deux genres, forcément ces derniers étaient également corrélés avec des caractéristiques sexuelles, pas juste culturelles. Comme je l'ai expliqué plus tôt, ce sont des traits de caractère qu'on retrouve plus souvent chez les femmes qui expliquent la plus grande proportion d'infirmières que d'infirmiers. L'explication n'est pas que culturelle.

En revanche, les caractéristiques sexuelles ne varient pas selon la culture ou l'époque. Seules les femmes sont menstruées, ont un utérus et peuvent accoucher et seuls les hommes ont un pénis et peuvent conduire une Porsche 911 Turbo[180], sous réserve des personnes aux prises avec des défauts génétiques. Ainsi, il est absurde de parler de «personnes menstruées», de «personnes avec un utérus» ou de «propriétaire de pénis»; appelons-les par leur nom: des femmes ou des hommes. Il est tout aussi absurde de désigner le vagin par «le trou d'en avant» comme les wokes britanniques se plaisent maintenant à dire.

Une personne avec un chromosome Y n'accouchera jamais, même si elle se maquille, porte des talons hauts, se fait poser des seins, se fait castrer ou même prend des hormones. Pourtant, la célèbre auteure britannique J.K. Rowling s'est publiquement fait conspuer pour avoir osé affirmer de telles évidences; elle a même reçu des menaces du mort!

180. Vous avez bien fait de vérifier la référence, car évidemment je plaisante.

D'autres caractéristiques sexuelles ne varient pas davantage selon la culture ou l'époque, mais aléatoirement d'un individu à l'autre. C'est notamment le cas de la taille; les hommes sont généralement plus grands que les femmes, mais ce n'est pas une règle absolue. Il y a aussi des traits de caractère qu'on retrouve statistiquement plus fréquemment chez un sexe que l'autre. Par exemple, les femmes sont généralement plus empathiques que les hommes et ces derniers ont généralement une meilleure intelligence spatiale, mais ce sont loin d'être des règles absolues. Ces traits découlent de la loterie génétique à la naissance, mais ne sont, d'aucune manière, des constructions sociales.

Pendant la petite enfance, si les filles préfèrent jouer à la poupée et les garçons se chamailler, cela n'a rien à voir avec l'influence de notre société contrairement à ce que la nouvelle gauche tente de nous faire avaler. Le célèbre primatologue Frans de Waal l'explique justement dans son dernier livre[181]. Lorsqu'on donne des bébés en peluche à de jeunes chimpanzés, les femelles les chérissent comme des bébés alors que souvent les mâles les démantèlent.

Les différences entre les deux sexes chez tous les animaux ne se limitent pas aux organes sexuels. Des différences fondamentales existent aussi au niveau du cerveau et découlent des rôles bien différents que jouent mâles et femelles dans la reproduction de l'espèce. Tous les mâles mammifères partagent des points en commun au niveau du comportement; il en est de même pour les femelles. Ces différences comportementales qu'on observe également chez l'humain ne sont en aucun cas des constructions sociales modernes; de fait, elles existaient avant même l'avènement de notre espèce.

181. de Waal, F. *Different: gender through the eyes of a primatologist*, W. W. Norton & Company, 2022

Les différences cérébrales entre les deux sexes s'observent à l'échelle macroscopique[182]. Le cerveau de l'homme est plus gros (+9 %), mais celui de la femme est plus dense (+4 %). Le corps calleux du cerveau féminin possède 40 % plus d'axones, qui, à leur tour, possèdent 12 % plus de dendrites. Les centres auditif et du langage possèdent 11 % plus de neurones chez la femme. Le cortex cingulaire antérieur est plus gros chez la femme; c'est le centre qui se fait du mauvais sang. Le cortex préfrontal féminin est plus développé; il régit et maitrise les émotions. L'amygdale est plus grande chez l'homme; elle enregistre la peur et déclenche l'agression. L'hippocampe est plus grand et plus actif chez la femme; il n'oublie jamais une dispute ou un moment de tendresse. L'insula féminine est plus grande et plus active; elle traite les sensations viscérales. Le cerveau de la femme est axé sur la relation, celui de l'homme, sur l'action. Et finalement, la zone du cerveau reliée au sexe est 250 % plus volumineuse chez l'homme.

Avec la contraception, la sexualité joue désormais un rôle presque exclusivement ludique. En effet, le pourcentage des coïts qui mènent à la reproduction chez l'humain est magistralement plus bas que chez les autres espèces animales. Or, bien que la reproduction ne soit plus la fonction première de la sexualité chez l'humain, ses prérogatives gouvernent encore les comportements de ce dernier. Celui-ci se croit supérieur à la bête, mais il partage avec elle le même cerveau reptilien qui pilote la sexualité; toutefois, son néocortex tempère ses pulsions, mais pas toujours.

Les religieux et les wokes placent l'humain sur un piédestal, mais, dans les faits, les animaux partagent essentiellement les mêmes émotions, et certains aussi, les mêmes sentiments. Contrairement à la croyance populaire, les animaux supérieurs

182. Brizendine, L. *Les secrets du cerveau féminin*, Livre de poche, 2010.

sont capables d'aimer et cet amour n'est pas toujours relié à une copulation imminente. Par exemple, les castors peuvent tomber amoureux et décider de faire vie commune plusieurs mois avant d'entrer en rut et copuler[183], les chiens peuvent vivre des peines d'amour[184], les oiseaux peuvent ressentir la jalousie[185], et souvent les animaux deviennent possessifs[186]. Attaquez un bébé crocodile et vous reconnaitrez nettement l'émotion de la colère chez la mère. Les croyants croient que les émotions proviennent de Dieu alors que les wokes croient qu'elles sont culturelles. Les biologistes suggèrent plutôt que la colère de notre crocodile est un mécanisme évolutif pour protéger sa progéniture et donc maximiser les chances de répliquer ses gènes.

Comme l'anthropologue Helen Fisher l'a bien fait valoir[187], l'humain n'a pas inventé la passion, ni le désir, ni l'attachement. Ces trois sentiments sont des manifestations hormonales (principalement liés à la dopamine, à l'ocytocine et à la vasopressine) qui servent à la reproduction de l'espèce.

Comme le phénomène hormonal de l'attachement (commandé par l'ocytocine) est programmé pour élever la progéniture jusqu'à l'autonomie, sa durée varie beaucoup d'une espèce à l'autre. L'état précaire des oisillons à la naissance explique d'ailleurs la monogamie de la plupart des espèces d'oiseaux. En revanche, peu de mammifères sont monogames comme l'humain. Par exemple, la souris grise copule rarement avec le même partenaire et la mère élève seule sa progéniture. En

183. Ryden, Hope. *Lily Pond: Four Years with a Family of Beavers*, William Morrow & Co, 1989.

184. Thomas, E. M. *The Hidden Life of Dogs*, Houghton Mifflin, 1993.

185. Barash, D. P., J. E. Lipton. *The Myth of Monogamy: Fidelity and Infidelity in Animals and People*, W. H. Freeman and Co, 2001.

186. Barkow, Jerome H., Leda Cosmides, John Tooby. *The Adapted Mind: Evolutionary Psychology and the Generation of Culture*, Oxford University Press, 1992.

187. Fisher, Helen. *Why we love, The nature and chemistry of romantic love*, Henry Holt and Company, 2004.

effet, il lui manque le gène qui pourvoit le cerveau de récepteurs pour la vasopressine et l'ocytocine. Or, des scientifiques ont réussi à implanter ce gène à des souris de laboratoire et ainsi à les transformer en un couple monogame et fidèle[188].

Cette caractéristique de l'hominidé d'être monogame, qui remonte au moins jusqu'à *l'Homo habilis*, est liée au manque d'autonomie de ses jeunes enfants discutée antérieurement. Chez le renard roux, cette période de monogamie dure habituellement cinq mois, après quoi le couple se rompt contrairement à certaines espèces d'oiseaux qui restent généralement fidèles toute leur vie. Les anthropologues croient que cette période est originalement de quatre ans pour l'humain[189]. Toutefois, les couples humains durent généralement plus longtemps aujourd'hui pour des raisons sociales ou religieuses.

Par conséquent, la monogamie, et la tradition du mariage qui en découle, est partiellement biologique (le sourire des jeunes mariés provient de l'impulsion d'ocytocine et de vasopressine causée par leurs vœux de fidélité); ce n'est pas une pure construction sociale bien que les religions se soient ultérieurement approprié le sacrement du mariage. Cette tradition humaine non culturelle découle du fait que l'éducation d'un jeune humain est plus fructueuse quand la mère et le père y participent. D'ailleurs, les jeunes issus de familles monoparentales sont deux fois plus à risque de se suicider[190]. De

188. Young, L. et coll. «Increased Affiliative Response to Vasopressin in Mice Expressing the V1a Receptor from a Monogameous Vole», *Nature*, vol. 400, n° 6746, 1999.

189. Byrne, D., G. L. Clore, G. Smeaton. «The attraction hypothesis: Do similar attitudes affect anything?», *Journal of Personality and Social Psychology*, vol. 51, n° 16, 1986, p.1167-70; Cappella, J. N., M. T. Palmer. «Attitude similarity, relational history, and attraction: the mediating effects of kinesic and vocal behaviors», *Communication Monographs*, vol. 57, n° 3, 1990, p.161-83.

190. Suh, G.W., W.V. Fabricius, R. D. Parke, M.M. Stevenson, J. T. Cookston, S. L. Braver, et D. S. Saenz. «Effects of the interparental relationship on adolescents' emotional security and adjustment: The important role of fathers.» *Developmental Psychology*, vol. 52, n° 10, 2016, p. 1666-1678.

plus, les individus en couple sont plus heureux[191] et vivent plus vieux[192]. Cependant, c'est l'inverse quand le couple se querelle sans cesse[193].

Cela dit, rester fidèle n'est pas aussi facile pour tous les hommes. Un gène présent chez 30 % des hommes est responsable du développement du récepteur de dopamine D4. Celui-ci est généralement associé à la toxicomanie, au comportement impulsif, à la prise de risques et au *gambling*. Mais on l'observe également chez les migrants, les innovateurs, et les ambitieux – des traits généralement associés au succès. Or, les hommes possédant ce gène seront deux fois plus à risque d'être infidèles[194].

Bloom, dans son œuvre *Le principe de Lucifer*[195], fait un parallèle étonnant entre le comportement des humains et des autres mammifères. Il observe notamment qu'au sein d'un groupe de chimpanzés, plus le taux de testostérones du mâle dominant augmente, plus ce dernier est susceptible de s'accoupler avec les femelles du groupe. De fait, toutes ou presque toutes les femelles chimpanzés matures d'un groupe typique ont des relations sexuelles, mais peu de mâles et encore moins de jeunes mâles.

De la même manière, les hommes dont le taux de testostérone est élevé affichent une plus grande confiance en eux et occupent des positions hiérarchiques supérieures dans la société; néanmoins, comme leur libido est plus élevée, ils ont plus de difficulté à rester fidèles ou même à rester en couple

191. Myers, D. *The Pursuit of Happiness*, William Morrow & Co, 1992.

192. Stroebe, W. & M. *Partnership, family, and well-being*, A. Abele & P. Becker (Eds.), 1991.

193. Kiecolt-Glaser, J. et coll. « Stressful Relationships: Endocrine and Immune Function » dans *Handbook of Human Stress and Immunity*, Kiecolt-Glaser Editors, 1994.

194. Garcia, Justin R. et coll. « Associations between dopamine D4 receptor gene variation with both infidelity and sexual promiscuity » *PLoS ONE*, vol. 5, n° 11, 2010.

195. Bloom, Howard. *op.cit.*

longtemps avec la même partenaire[196]. La testostérone favorise donc la polygamie. Dans ce cas, la stratégie de la Nature change. Il s'agit désormais de maximiser la procréation, mais en sacrifiant l'effort parental. Ce phénomène se produit notamment chez les hommes dominants (politiciens, chefs d'entreprise, vedettes, gourous, athlètes...). C'est comme si la Nature concluait qu'un homme avec un meilleur statut social avait une génétique supérieure et méritait donc d'être plus reproduit au bénéfice de l'espèce.

De plus, ces hommes au taux de testostérone élevé sont davantage convoités. En effet, même si ce phénomène n'est pas socialement acceptable, ni même admis, les femmes sont souvent envoutées par un homme en position de pouvoir.

Le lien avec la théorie de l'évolution m'apparaît ici évident. La sélection naturelle développe l'intelligence en favorisant la reproduction des humains qui ont plus de succès au sein de la population. Dans le cas des chevreuils en rut, la femelle copulera avec celui qui gagnera la bataille des bois. Dans le cas des hommes (qui semblent en rut à longueur d'année), les femmes seront définitivement plus attirées sexuellement par les plus performants au sein de leur communauté sociale. Ce phénomène est vrai jusqu'au sein des gangs de rue où les chefs séduiront la gent féminine du groupe même s'ils sont des brutes sans foi ni loi.

L'homme est d'abord attiré par la beauté de la femme. Or, deux éléments objectifs et quantifiables de cette beauté sont la symétrie du corps et du visage ainsi que le ratio entre la taille et les hanches. Cette symétrie[197] ainsi qu'un ratio taille/

196. Dabbs, J. M., M. G. Dabbs. *Heroes, rogues, and lovers: Testosterone and behavior*, McGraw-Hill, 2000.

197. Gangestad, S. W., R. Thornhill. « The evolutionary psychology of extrapair sex: the role of fluctuating asymmetry », *Evolution and Human Behavior*, vol.18, n° 2, 1997, p. 69-88.

hanche[198] idéal de 0,7 sont les meilleurs indicateurs visuels de la santé chez la femme, et incidemment de sa capacité à enfanter. C'est justement ce que l'homme recherche inconsciemment : une femme apte à mettre au monde en santé l'enfant qui portera ses gènes. L'incidence de ces traits esthétiques est plus fréquente chez les jeunes femmes, qui sont aussi d'ailleurs plus aptes à enfanter, ce qui explique l'attirance des hommes pour les femmes plus jeunes[199]. Le mécanisme de l'attirance est rapide chez l'homme puisqu'il n'implique que le sens de la vue; c'est pourquoi les hommes tombent rapidement amoureux.

En revanche, le mécanisme de l'attirance chez la femme est beaucoup plus subtil et lent. En effet, les prérogatives sexuelles féminines sont bien différentes. La femme ne peut se reproduire que quelques fois dans sa vie (une fois tous les 9 mois) alors que l'homme peut théoriquement le faire tous les jours. La femme est donc à la recherche d'un partenaire de qualité afin de maximiser les chances de survie de sa progéniture et donc de transmission de ses gènes. Si elle choisit trop vite, elle ne sera plus féconde au moment de rencontrer un meilleur parti au cours de sa grossesse. Bien sûr, un bel homme procurera de meilleurs orgasmes (consultez la référence en cas de doute)[200], mais risque d'être moins fidèle[201]. Or, la femme s'intéresse d'abord et avant tout aux aptitudes parentales de l'homme. Comme il n'est pas possible de déduire ces aptitudes à partir de l'allure physique de l'homme, la femelle s'intéressera à d'autres critères. Elle recherchera notamment un homme

198. Singh, D. « Adaptive significance of waist-to-hip ratio and female physical attractiveness », *Journal of Personality and Social Psychology*, vol. 65, n° 2, 1993, p. 293-307; « Female mate value at a glance: Relationship of waist-to-hip ratio to health, fecundity and attractiveness », *Neuro Endocrinology Letters*, vol. 23 (suppl. 4), 2002, p. 81-91.

199. Buss, D. M. *The Evolution of Desire: Strategies of Human Mating*, Basic Books, 1994.

200. Thornhill, R., S. S.W. Gangestad, R. Comer. « Human female orgasm and mate fluctuating asymmetry », *Animal Behaviour*, vol. 50, n° 6, 1995, p. 1601- 15.

201. Gangestad, S. W., R. Thornhill. *op. cit.*

fortuné[202] (même si elle est elle-même fortunée[203]), confiant, intelligent[204], avec un bon statut social[205] et un bon sens de l'humour[206]. Ces traits sont plus longs à évaluer; c'est pourquoi le mécanisme de l'attirance est plus lent chez la femme. De plus, elle doit tomber amoureuse pour élever son niveau de dopamine qui, à son tour, élèvera son niveau de testostérone et incidemment son désir sexuel. En revanche, le niveau de testostérone d'un jeune homme est toujours élevé; son désir s'enflamme donc rapidement à la vue d'une belle femme.

L'anthropologue américain Donald Symons résume ainsi ses recherches sur les différences sexuelles:

> «Parmi tous les peuples, ce sont principalement les hommes qui courtisent, proposent, séduisent, offrent des cadeaux en échange de relations sexuelles et utilisent les services de prostituées[207].»

Parmi les peuples occidentaux, les hommes recherchent un plus grand nombre de partenaires sexuelles que les femmes, sont moins difficiles dans le choix d'une partenaire à court terme et sont beaucoup plus susceptibles d'être des consommateurs de pornographie.

202. Harrison, A. A, L. Saeed. «Let's make a deal: An analysis of revelations and stipulations in lonely hearts advertisements», *Journal of Personality and Social Psychology*, vol 35, n° 4, 1977, p. 257-64.

203. D. M. Buss. *op. cit.*; Ellis, B. J. «The Evolution of Sexual Attraction: Evaluative Mechanisms in Women», dans *The Adapted Mind: Evolutionary Psychology and the Generation of Culture*, ed. J. H. Barkow, L. Cosmides, and J. Tooby, Oxford University Press, 1992.

204. Kenrick, D. T., E. K. Sadalla, G. E. Groth, et M. R. Trost. «Evolution, traits and the states of human courtship: Qualifying the parental investment model», *Journal of Personality*, vol. 58, n° 1, 1990, p. 97-116.

205. Lerner, R. M., S. A. Karabenick. «Physical attractiveness, body attitudes, and self-concept in late adolescents», *Journal of Youth and Adolescence*, vol. 3, n° 4 1974, p. 307 16.

206. Fisher, H. *op. cit.*

207. Symons, D. *The evolution of human sexuality*, Oxford University Press, 1979.

En résumé, les mâles sont à la recherche de sexe et les femelles de succès. Henry Kissinger a dit:

«Le pouvoir est l'aphrodisiaque suprême[208].»

La diversité de l'ADN du chromosome Y hérité du père est beaucoup moins élevée que celle des mitochondries héritées de la mère. Cela démontre que les mâles dominants dans la Nature transmettent davantage leurs gènes, car ils gagnent dans la compétition à copuler[209]. Autrement dit, les femelles contribuent de façon égale à la reproduction de l'espèce, mais non les mâles. Évidemment, dans un contexte moderne de monogamie, cette stratégie de la sélection naturelle fonctionne beaucoup moins, mais elle explique encore pourquoi les motivations sexuelles des mâles et des femelles sont si différentes.

L'humain a bien de la difficulté à se percevoir tel qu'il est, c'est-à-dire le plus féroce des prédateurs au sommet de la pyramide alimentaire. Le déni de la biologie est à la mode. C'est vrai pour l'alimentation, comme nous le verrons au chapitre 6 et c'est encore plus vrai pour la sexualité. Nous ignorons nos pulsions sexuelles parce qu'elles ne cadrent pas dans notre noble idéal des relations hommes-femmes. Des féministes idéalistes comme Judith Butler ont parti le bal dans les années 1990 en niant les différences fondamentales entre la sexualité d'un homme et celle d'une femme[210]. Pourtant, ces différences s'observent même à l'échelle macroscopique dans le cerveau. Par exemple, il existe un noyau dans l'hypothalamus que l'on appelle «aire préoptique» et qui régule, entre autres, l'émission

208. *The Guardian*, 28 novembre 1976.

209. Gibbons, Ann. «Europeans trace ancestry to Paleolithic people», *Science*, vol. 290, nº 5494, 2000.

210. Butler, Judith. *Gender Trouble: Feminism and the Subversion of Identity*, Routledge, 1990.

de lulibérine[211], dont l'action est importante pour l'activité sexuelle. Or, cette aire est deux fois plus grande chez l'homme que la femme. Voilà qui explique le penchant nettement plus marqué de l'homme pour la pornographie et le vieux dicton: «les hommes tombent en amour avec leurs yeux et les femmes avec leurs oreilles».

Les différences sexuelles entre homme et femme se reflètent d'ailleurs dans l'expression de la jalousie. Selon le psychologue évolutionniste David Buss: 83 % des femmes et seulement 40 % des hommes se disent bouleversés par l'«infidélité émotive» de leur partenaire (s'amouracher d'une autre); en revanche, 60 % des hommes et 17 % des femmes considèrent que l'infidélité sexuelle est une plus grande source d'affliction. L'explication ici est simple: l'homme veut s'assurer qu'il élève bien sa progéniture et non celle d'un concurrent alors que la femme ne veut pas finir seule à élever ses enfants[212].

Les différences entre l'homme et la femme ne se limitent pas à la sexualité. Contrairement à ce que suggère le nouveau féminisme de genre[213], plus la culture sociale est égalitaire, plus les aspirations de carrière entre hommes et femmes sont différentes[214]. En Suède par exemple, l'un des pays les moins sexistes au monde, les femmes sont toujours surreprésentées dans les services de santé et les hommes en informatique[215]. En Norvège, un autre pays où l'égalité homme-femme est atteinte depuis plusieurs décennies, 90 % des ingénieurs sont

211. On l'appelle aussi GnRH (Gonadotrophine releasing Hormone) ou LHRH (Luteinizing Hormone Releasing Hormone).

212. Baril, Daniel. *La grande illusion: comment la sélection naturelle a créé l'idée de Dieu*, Éditions Multi-Mondes, 2006.

213. Traduction du *gender feminism* des États-Unis.

214. Schmitt, David P., Anu Realo, Martin Voracek, et Jüri Allik. «Why Can't a Man Be More Like a Woman? Sex Differences in Big Five Personality Traits Across 55 Cultures», *Journal of Personality and Social Psychology*, vol. 94, nº 1, 2008, p. 168–182.

215. Voir https://www.oecd.org/sweden/Closing%20the%20Gender%20Gap%20-%20Sweden%20FINAL.pdf

des hommes et 90 % des infirmières, des femmes[216]. Des études faites par le professeur Richard Lippa (California State University) auprès de 200000 personnes de 53 sociétés européennes, américaines, asiatiques et africaines ont prouvé que les hommes sont toujours plus intéressés à réussir dans des domaines orientés vers la compréhension du monde des objets, comme l'ingénierie, la mécanique. Et que les femmes sont relativement plus intéressées par une réussite auprès des personnes[217]. L'abolition du sexisme donne le libre choix aux femmes et le cas échéant, elles choisissent des professions différentes des hommes.

C'est pourquoi, les quotas d'embauche sont une très mauvaise idée, car fondés sur la prémisse que les compétences et les affinités sont homogènes d'un sexe à l'autre ou même d'une minorité à l'autre, ce qui est faux. Forcer artificiellement un ratio de 50 % d'infirmiers mâles en Suède y empêcherait des femmes motivées et compétentes d'exercer leur métier de prédilection.

De façon générale, le mammifère mâle est fondamentalement plus agressif, prend plus de risques, affectionne davantage le pouvoir et est moins empathique que son alter ego féminin, et cela n'a rien à voir avec le conditionnement social[218]. Le Portugal, l'Italie ou le Japon sont des sociétés sexistes et machistes et pourtant leur taux d'homicides y est une fraction de la féministe Amérique du Nord. En effet, un homme a huit fois plus de chance de mourir d'un homicide aux États-Unis qu'en Italie ou au Portugal et dix-huit fois plus qu'au Japon[219]. Les valeurs

216. Dallaire, Y. « L'intéressant paradoxe norvégien », *Journal de Montréal*, 9 mars 2013.

217. Voir http://psych.fullerton.edu/rlippa/

218. Tremblay, R.E., W.H. Hartup, et J. Archer. *Developmental origins of aggression*, The Guilford Press, 2005.

219. *Source Wikipédia: https://fr.wikipedia.org/wiki/Liste_des_pays_par_taux_d%27homicide_volontaire*

patriarcales sont peut-être agaçantes pour certain(e)s, mais ne sont pas responsables de la violence dans le monde.

De plus, à cause justement de la plus grande propension des femmes à l'empathie, à l'anxiété et en raison de leurs meilleures aptitudes sociales, la proportion des femmes ayant la foi est en moyenne 10 % plus élevée que celle des hommes, toute époque, culture, religion, conditions sociales ou pays confondus[220]. Ce pourcentage double au sujet de la pratique des rituels religieux. S'il en était autrement, les femmes ne se laisseraient pas autant abuser par les religions.

Les encéphales de l'homme et de la femme sont structurellement différents, ce qui entraîne aussi des différences au niveau cognitif. Notamment, il y a plus de connexions entre les deux hémisphères chez les femmes, ce qui explique probablement pourquoi elles arrivent plus facilement à verbaliser leurs sentiments. Alors qu'en général les femmes manient mieux le langage, présentent une plus grande agilité en calcul mental, ont une meilleure perception temporelle et sont plus habiles de leurs mains, les hommes, en revanche, performent davantage au niveau de la logique mathématique et ont une meilleure perception spatiale. Aussi, les femmes ressentent les émotions plus intensément que les hommes, mis à part la colère[221]. Finalement, les forces et faiblesses cognitives de la femme varient selon la phase du cycle menstruel. Plus le niveau d'estrogène est élevé, plus ces différences avec l'homme sont prononcées[222].

220. Baril, Daniel. *Sélection sexuelle et différence intersexe dans la religiosité*, Mémoire (M.A), Département d'anthropologie, Université de Montréal, 2002.

221. Halpern, Diane. *Sex differences in cognitive abilities* (3e éd.), Lawrence Erlbaum Associates, 2000.

222. Kimura, D. *Sex and cognition*, MIT Press, 1999.

Les femelles sont majoritairement attirées par les mâles dominants, malgré tout le déni actuellement à la mode[223]. Depuis longtemps, les hommes célèbres exploitent leur succès auprès de la gent féminine, à l'instar des chimpanzés, chefs de groupes. Hélas, plusieurs hommes en ont abusé. Mais hélas aussi, des femmes ont porté de fausses accusations pour se venger d'avoir servi de divertissement sexuel alors qu'au départ elles croyaient naïvement développer une relation durable, et ainsi (inconsciemment) maximiser la qualité des gènes de leur progéniture. Je suis toujours ébahi de l'hypocrisie avec laquelle notre société traite les relations hommes-femmes. Le dérapage de certains mouvements sur les réseaux sociaux en est une manifestation flagrante.

5.2. L'homosexualité

Parlons maintenant d'homosexualité. Est-ce un choix sexuel volontaire ou une caractéristique génétique immuable? Alors que l'homosexualité chez les femmes semble acquise[224], la prédisposition à l'homosexualité chez les hommes serait innée. Des chercheurs de l'Université de Portsmouth en Angleterre ont d'ailleurs réussi à corréler certains chromosomes de l'ADN (Xq28 et 8q12) à cette prédisposition[225]. De plus, le cerveau des homosexuels présente des différences morphologiques

223. Buunk, B.P., P. Dijkstra, D. Fetchenhauer, et D.T. Kenrick. «Age and gender differences in mate selection criteria for various involvement levels», *Personal Relationships*, vol. 9, n° 3, 2002.

224. Quoique certaines études suggèrent que les femmes avec un taux élevé de progestérone sont plus ouvertes à l'idée d'avoir une relation ou une aventure avec une autre femme. Voir notamment Fleischman, Diana S., Daniel M. T. Fessler, et Argine Evelyn Cholakians. «Testing the Affiliation Hypothesis of Homoerotic Motivation in Humans: The Effects of Progesterone and Priming», *Archives of Sexual Behavior*, vol. 44, n° 5, 2015.

225. Sanders, A. R., E. R. Martin, G. W. Beecham, et S. Guo. «Genome-wide scan demonstrates significant linkage for male sexual orientation», *Psychological Medicine*, vol. 45, n° 7, 2015.

visibles à l'échelle macroscopique: en effet, alors que le troisième noyau interstitiel de l'hypothalamus antérieur (NIHA-3) est au moins deux fois plus gros chez les hommes hétérosexuels que chez les femmes, celui des hommes homosexuels est plus petit que celui des hommes hétérosexuels, et parfois même, plus de deux fois plus petit[226]. Cela dit, il n'existe pas que deux catégories sexuelles chez l'homme, soit hétéro et homo. Tout homme se situe plutôt quelque part sur un spectre qui varie exclusivement d'hétéro à exclusivement homo, et ce, selon la taille de son NIHA-3. De plus, il a été démontré sur des rats qu'il est possible de réduire le développement du NIHA-3 en bloquant l'action de la testostérone et ainsi développer une prédisposition à l'homosexualité.

La taille du NIHA-3 chez l'homme est donc proportionnelle à son attirance pour les femmes, mais la recherche démontre également qu'elle est inversement proportionnelle à la sensibilité, l'empathie, la tendresse et la gentillesse, soit des traits de caractère que les femmes apprécient[227]. Il semble donc que les femmes soient condamnées à choisir entre un homme rose ou sexuellement fringant.

Peu d'hommes se déclarent exclusivement homosexuels en Occident (<2 %)[228]. Toutefois, bien que la fréquence de l'homosexualité soit faible, elle est stable à travers l'histoire. Deux questions alors surgissent: pourquoi avons-nous l'impression que l'homosexualité est aujourd'hui plus répandue? Et pourquoi la sélection naturelle n'a-t-elle pas éliminé ce gène avec le temps puisqu'il ne favorise pas la reproduction? Pour répondre

226. LeVay, Simon. «A difference in hypothalamic structure between heterosexual and homosexual men», *Science*, vol. 253, n° 5023, 1991.

227. Miller, E. M. «Homosexuality, birth order, and evolution: toward an equilibrium reproductive economics of homosexuality», *Archives of Sexual Behaviour*, 2000.

228. Statistique Canada: *La fierté gaie... en chiffres*; Office for National Statistics, 2010, *Measuring Sexual Identity: Evaluation Report*, 2010. Repéré au www.cdc.gov/nchs/data/nhsr/nhsr077.pdf.

à la deuxième question, il faut se rappeler que la sélection naturelle n'agit pas exclusivement au niveau de l'individu, mais aussi au niveau du groupe. C'est ce qui explique notamment les comportements kamikazes.

On observe également des pratiques homosexuelles chez certains animaux comme les bonobos et les dauphins. Ce n'est pas un hasard si, chez ces animaux, dont les capacités cognitives se rapprochent le plus de l'humain, le rôle de la sexualité ne vise pas seulement la reproduction, mais comporte aussi une dimension exclusivement ludique.

Alors que la génétique détermine la prédisposition sexuelle chez l'homme, la manifestation de l'homosexualité dépend de facteurs sociaux, et cette dépendance est d'autant plus forte que l'individu se trouve au centre du spectre de l'homosexualité décrite plus tôt. L'un de ces facteurs sociaux est évidemment l'acceptabilité religieuse et/ou légale de l'homosexualité au sein de sa société et l'autre est la densité de la population de cette société. Ce dernier phénomène s'observe chez plusieurs mammifères. Certains individus sont, au départ, résolument homosexuels alors que d'autres le deviendront selon la densité de population. Selon moi, il s'agit d'une stratégie de la sélection naturelle. Quand une espèce donnée est peu nombreuse au sein d'une géographie quelconque, la meilleure façon de favoriser l'accroissement de la population est de copuler et à cette fin, les homosexuels n'ont aucune utilité; c'est pourquoi ils sont moins nombreux.

Cependant, au fur et à mesure que la population s'accroit, d'autres facteurs entrent en jeu pour favoriser le succès de l'espèce, dont notamment la qualité des soins et de l'éducation. Les membres du clergé catholique assumaient traditionnellement ces fonctions et comptaient justement une plus grande incidence d'homosexualité. Il suffit de penser aux bonnes sœurs qui jouaient le rôle d'infirmières ou encore les pères qui jouaient le rôle d'enseignants. La découverte que l'incidence d'homosexualité masculine est corrélée positivement avec la fertilité de la mère milite en faveur de cette thèse[229]. Il est intéressant de noter également que l'incidence de l'homosexualité est supérieure pour un homme cadet issu d'une famille nombreuse[230]. Or, curieusement, il était coutume au siècle dernier que le cadet d'une telle famille catholique nombreuse fît son sacerdoce. Une chose est certaine: les pseudo-thérapies pour «guérir» l'homosexualité aux États-Unis constituent carrément de la fraude scientifique.

L'environnement social conditionne le comportement sexuel des hommes et pas juste les homosexuels. Quand le taux de mortalité infantile est élevé comme dans certaines régions d'Afrique, les hommes ont tendance à rester moins longtemps auprès de leur progéniture. À l'inverse, quand ce taux est bas, les hommes restent plus longtemps à la maison. En effet, le taux de mortalité déplace le défi de survie et la Nature s'adapte en conséquence. Au Japon, le taux de natalité est bas et l'encadrement parental dure plus longtemps. Pour réussir socialement dans ce pays, il faut une formation académique plus poussée, car la compétition y est féroce, d'où le plus long délai pour l'enfant à quitter définitivement le foyer familial. Selon les anthropologues, la monogamie est plus populaire au sein des sociétés évoluées.

En fait, ce que vit le Japon est un avant-goût de ce qui guette l'Occident. Comme nous le verrons plus tard, la solution n'est plus de promouvoir la fécondité, mais plutôt de plafonner la population humaine sur Terre. L'objectif n'est plus comme encore au siècle dernier de mettre au monde dix enfants par

229. Camperio Ciani, Andrea, Paolo Cermelli, Giovanni Zanzotto. «Sexually Antagonistic Selection in Human Male Homosexuality», *PLoS ONE*, vol. 3, nº 6, 2008.

230. Miller, E. M. «Homosexuality, birth order, and evolution: toward an equilibrium reproductive economics of homosexuality», *Archives of Sexual Behaviour*, 2000.

famille, car plusieurs ne survivaient pas jusqu'à l'âge adulte. La priorité n'est plus au nombre d'enfants, mais à la qualité de leur éducation.

5.3. Le cheval de Troie du féminisme

D'une part, nous devons prendre conscience à quel point la sexualité détermine une grande partie de nos comportements et ainsi éviter de devenir une marionnette de nos pulsions sexuelles, lesquelles, rappelons-nous, furent optimisées à l'époque paléolithique durant laquelle le contexte social était fort différent de celui d'aujourd'hui. D'autre part, nous ne devons pas négliger pour autant l'importance de la sexualité dans l'équation du bonheur, parce que même si la vie en société a changé, notre cerveau reptilien est demeuré sensiblement le même. Or, cette dernière phrase n'est pas une invitation à la débauche. Plusieurs jeunes femmes adhèrent aujourd'hui à ce concept néoféministe, mais combien déconnecté de la réalité biologique, selon lequel leur psyché sexuelle est identique à celle des hommes et qu'elles peuvent donc se comporter de façon identique. Elles s'imaginent ainsi que pour être émancipées et modernes, elles doivent imiter le comportement sexuel débridé des jeunes hommes de leur âge. En feignant ainsi la légèreté de l'homme, elles se causent bien des blessures psychologiques[231], qui deviendront ultérieurement des obstacles supplémentaires au bonheur.

Par ailleurs, les hommes modernes ont tout intérêt à mieux contrôler leurs pulsions sexuelles qu'à l'époque paléolithique. En effet, de nos jours, un faux pas sexuel peut anéantir une carrière – voire une vie tout entière. Même dans les pays qui ont

231. Kelleher, K. « When students 'hook up,' someone inevitably gets let down », *Los Angeles Times*, 13 août 2001.

hérité du droit britannique et donc du sacro-saint principe de l'*habeas corpus*, la présomption d'innocence ne s'applique plus en cas de violence conjugale ou d'agression sexuelle. On peut ainsi aujourd'hui briser la vie d'un homme aussi facilement que l'on envoyait autrefois une sorcière au bûcher. Le mouvement social du féminisme, à l'instar de celui du syndicalisme, est né pour combattre une injustice. Malheureusement, de tels mouvements, à force de combattre une injustice, peuvent finir par causer eux-mêmes une injustice, mais dans l'autre sens, d'où la métaphore du pendule.

D'un point de vue biologique, l'homme et la femme sont tout aussi importants l'un que l'autre[232]. En moyenne, les femmes sont aussi intelligentes que les hommes[233]. Cependant, l'écart-type d'intelligence est plus élevé chez les hommes que chez les femmes. Ainsi, les hommes sont beaucoup plus susceptibles d'être dyslexiques, de rencontrer des difficultés d'apprentissage, d'avoir un déficit de l'attention, ou d'avoir un retard mental[234]. Cependant, dans le décile supérieur des tests cognitifs et de raisonnement mathématique, les hommes sont dix fois plus nombreux que les femmes[235]. Cette réalité statistique pourrait expliquer pourquoi il y a plus d'hommes célèbres que de femmes célèbres dans l'histoire.

Au départ, le féminisme était un mouvement légitime qui cherchait à rétablir l'égalité homme-femme. Toutefois,

232. Trivers, Robert. *Natural Selection and Social Theory: selected Papers of Robert Trivers*, Oxford University Press, 2002.

233. Jensen, Arthur R. *The g factor: The science of mental ability*, Praeger, 1998.

234. Hedges, L. V., A. Nowell. «Sex differences in mental test scores, variability, and numbers of high-scoring individuals», *Science*, vol. 269, n° 5220, 1995; Halpern, D. *Sex differences in cognitive abilities* (3rd ed.), Lawrence Erlbaum Associates, 2000.

235. Strand, S., I. J. Deary, et P. Smith. «Sex differences in Cognitive Abilities Test scores: A UK national picture», *British Journal of Educational Psychology*, vol. 76, n° 3, 2006; Lubinski, D., C. Persson Benbow. «Gender Differences in Abilities and Preferences among the Gifted: Implications for the Math-Science Pipeline», *Current Directions in Psychological Science*, vol. 1, n° 2, 1992.

un clivage est apparu avec le temps au sein du mouvement comme le reconnait la philosophe Christina Hoff Sommers dans son livre *Who Stole Feminism? How Women Have Betrayed Women*[236]. Le mouvement féministe se scinde désormais entre deux écoles de pensée distinctes:

- Le traditionnel féminisme égalitaire
- Le nouveau féminisme constructiviste (appelé aussi féminisme de genre).

Cette dernière école de pensée est particulièrement troublante. Elle adhère à la théorie marxiste de la page blanche et est basée sur l'idée que les différences entre les sexes sont des constructions sociales perpétrées par les hommes afin de maintenir leur domination sur les femmes. Rien de moins! Dans les faits, le cerveau des hommes diffère visiblement du cerveau des femmes de plusieurs manières[237]. Les hommes ont un cerveau plus gros avec plus de neurones (même en corrigeant avec la taille), bien que les femmes aient un pourcentage plus élevé de matière grise[238]. Comme nous l'avons vu plus tôt, une section de l'hypothalamus, impliquée dans le comportement sexuel et l'agression, est deux fois plus grande chez l'homme que chez la femme. De plus, les portions des commissures cérébrales, qui relient les hémisphères gauche et droit, sont plus grandes chez les femmes et par conséquent, leur cerveau peut fonctionner de manière moins asymétrique que les hommes. Le féminisme constructiviste est manifestement déconnecté de la réalité biologique.

236. Christina Hoff Sommers (1950-), auteure états-unienne, ex-professeure de philosophie et chercheuse membre de l'American Enterprise Institute connue pour ses écrits critiques sur le féminisme contemporain.

237. Blum, D. *Sex on the brain: The biological differences between men and women*, Viking, 1997.

238. Gur, R. C. et coll. « Sex differences in brain gray and white matter in healthy young adults: Correlations with cognitive performance. », *Journal of Neuroscience*, vol. 19, n° 10, 1999.

Les féministes constructivistes n'en sont pas à une aberration près. Susan Brownmiller, l'une de leurs célèbres représentantes, écrivait déjà dans son livre *Against Our Will* en 1975:

> «Je pense que de la préhistoire à nos jours, le viol a joué un rôle crucial… ce n'est ni plus ni moins qu'un processus conscient d'intimidation par lequel **tous** les hommes maintiennent **toutes** les femmes dans un état de peur[239].»

Ce n'est pas parce que quelques salauds utilisent la violence pour en venir à leurs fins sexuelles que tout le genre masculin doit être mis au pilori. Contrairement à ce que Brownmiller laisse entendre par ailleurs, le viol n'est pas un phénomène social. D'une part, le viol n'est pas un phénomène exclusif aux humains et d'autre part, la sélection naturelle explique bien pourquoi certains mâles violent et pourquoi le viol perturbe autant les femelles[240]. Comme nous l'avons déduit plus tôt à partir de la faible diversité de l'ADN du chromosome Y, les chances de transmission des gènes sont très variables d'un mâle à l'autre dans la Nature alors qu'elles sont relativement uniformes d'une femelle à l'autre. Les chances de reproduction des gènes d'un mâle dépendent de son aptitude à charmer le plus grand nombre de femelles et à les convaincre de s'accoupler avec lui. Par conséquent, le viol devient une stratégie alternative de reproduction quand le mâle n'est pas apte à charmer. Quant à la femelle, la stratégie de transmission de ses gènes dépend de son aptitude à sélectionner le bon mâle

239. Traduction de l'auteur: «From prehistoric times to the present, I believe, rape has played a critical function… it is nothing more or less than a conscious process of intimidation by which all men keep all women in a state of fear.»

240. Thornhill, R., C. T. Palmer. *A Natural History of Rape: Biological Bases of Sexual Coercion*, MIT Press, 2000.

pour s'accoupler. Or, évidemment, quand elle se fait violer, le choix du mâle lui est imposé et en plus, ce mâle n'a pas des gènes dominants. On comprend alors son désarroi.

Le viol était beaucoup plus fréquent durant la préhistoire; ce phénomène est tout sauf moderne. Plus une société est civilisée, plus l'incidence de viol est faible. Autrement dit, les hommes cultivés sont moins susceptibles de violer que les hommes rustres et ignares, bien que ce ne soit pas une règle absolue. Par conséquent, la «culture du viol» n'existe pas; c'est une invention woke. Bien au contraire, la culture prévient le viol.

Contrairement au féminisme constructiviste, le féminisme égalitaire a aidé la cause des femmes, notamment en contribuant à procurer une opportunité d'emploi égale aux femmes. Évidemment, tous les pays ne sont pas rendus au même niveau d'égalité. Néanmoins, comme nous l'avons vu plus tôt, dans les pays les moins sexistes, femmes et hommes ont tendance à faire des choix professionnels plus divergents. Deux facteurs expliquent ce phénomène: d'une part, les aptitudes cognitives des deux sexes sont différentes et d'autre part, les intérêts respectifs des deux sexes divergent également. Par exemple, les femmes sont moins portées vers les postes de haute direction ou encore le génie[241]. De plus, les métiers et professions pour lesquels les femmes ont plus d'affinités sont en moyenne moins rémunérés[242]. Il faut donc se garder de mesurer le succès du féminisme en comparant le salaire moyen des femmes avec celui des hommes. De plus, forcer la parité 50 %-50 % dans chaque métier ou profession reviendrait à forcer plusieurs femmes et hommes à faire un travail qu'ils n'aiment pas[243]. C'est pourquoi,

241. National Science Foundation. *Women, Minorities, and Persons with Disabilities in Science and Engineering*, 1998. Repéré au www.nsf. gov/sbe/srs/nsf99338.

242. Roback, Jennifer. «Beyond equality», *Georgetown Law Journal*, 82, 1993.

243. Holden, Constance. «Parity as a goal sparks bitter battle», *Science*, 289, 2000.

plusieurs féministes comme Jennifer Roback, Susan Estrich[244], Cathy Young[245], Linda Gottfredson[246], Karen Lehrman[247] et plusieurs autres remettent aujourd'hui en question la fameuse théorie du plafond de verre. Aussi, il ne faut pas conclure que nous vivons dans une société patriarcale du simple fait que plus d'hommes occupent des postes de haute direction ou de ministre. De tels postes impliquent de grands sacrifices sur le plan familial, ce qui rebute la majorité des femmes.

Il existe même désormais une discrimination positive à l'égard des femmes pour les emplois demandant plus de scolarité. En effet, à compétences égales, les femmes sont actuellement favorisées aux hommes dans un ratio de 2 pour 1 pour un poste à l'université dans les domaines de la biologie, du génie, de l'économie et de la psychologie. C'est ce que révèle une étude menée en 2015 sur 873 professeurs dans 50 États américains[248]. Je crois qu'il existe aussi une discrimination positive de l'électorat à l'égard des femmes qui se lancent en politique, à tout le moins dans les pays nordiques. La discrimination à l'égard des femmes au travail est maintenant chose du passé. Néanmoins, quelques décennies seront encore nécessaires avant que le paysage de l'emploi reflète pleinement cette nouvelle réalité.

Bref, le féminisme constructiviste est un précurseur de l'idéologie de genre. En niant toutes différences entre les sexes, il nie au fond l'existence biologique même de la femme.

244. Estrich, Susan. *Sex and power*, Riverhead Press, 2000.

245. Young, Cathy. *Ceasefire! Why women and men must join forces to achieve true equality*, Free Press, 1999.

246. Gottfredson, Linda S. « Reconsidering fairness: A matter of social and ethical priorities », *Journal of Vocational Behavior*, vol. 33, 1988.

247. Lehrman, Karen. *The lipstick proviso: Women, sex, and power in the real world*, Doubleday, 1997.

248. Williams, W. M., S. J. Ceci. « National hiring experiments reveal 2:1 faculty preference for women on STEM tenure track », *Proceedings of the National Academy of Sciences*, vol. 112, n° 17, 2015.

Comment un mouvement idéologique peut-il alors se porter à la défense d'un groupe de victimes s'il nie au départ son existence ? Voilà une flagrante incohérence. D'aucuns pensent comme moi que l'idéologie de genre pourrait bien s'avérer le cheval de Troie qui viendra à bout du féminisme.

Le clivage entre le traditionnel féminisme égalitaire et le nouveau féminisme constructiviste se creuse de plus en plus. D'ailleurs au Québec, deux associations distinctes représentent maintenant chacun des clans idéologiques, soit PDF Québec (Pour les Droits des Femmes) pour le féminisme traditionnel et la FFQ (Fédération des femmes du Québec) pour le nouveau féminisme constructiviste.

La Fédération des femmes du Québec (FFQ) a été fondée en 1966, sous l'initiative de Thérèse Casgrain, première femme députée et ministre, pour défendre les intérêts et les droits des femmes par la lutte collective. Autrefois porte-étendard du féminisme universaliste, la FFQ a grandement contribué au progrès de la cause des femmes au Québec. Le Conseil du statut de la femme a été fondé à sa demande en 1973. Au début des années 2000, ce Conseil clamait que la religion infériorisait la femme et que l'égalité des sexes devait prévaloir sur la liberté de culte.

Au début des années 2000, dans le cadre des débats sur les accommodements religieux, des musulmanes intégristes ont commencé à rejoindre les rangs de la FFQ, d'abord comme membres puis comme administratrices. Progressivement, la lutte de la FFQ pour l'égalité des sexes s'est réorientée vers l'égalité entre les femmes elles-mêmes, perdant de vue son objectif global. La FFQ priorisait désormais la cause des minorités à celle de l'ensemble des femmes. Les célèbres féministes Leila Lesbet, Michèle Sirois, et feu Diane Guilbault ont alors claqué la porte de l'organisation. Ces dernières ont fondé *Pour les droits des femmes du Québec* (PDF Québec), un nouveau groupe féministe universaliste pour véritablement défendre à nouveau les droits du sexe féminin, qu'importe, leurs origines ou conditions, et non du genre féminin.

La cause des minorités est certainement louable. Néanmoins, en dissipant son énergie tous azimuts, la FFQ se consacre forcément moins à sa cause principale et sa raison d'être qui est de défendre l'ensemble des femmes (au sens biologique). Comme on dit, qui trop embrasse mal étreint. Qui plus est, certaines causes placent littéralement la FFQ en conflit d'intérêts avec sa mission originelle.

Un bon exemple de ce conflit d'intérêts est la défense du port du hijab, un signe religieux sexiste, par les enseignantes du Québec. Sous ce prétexte, la FFQ pourfend aujourd'hui la loi 21 pour la laïcité de l'État devant les tribunaux, faisant fi de l'influence de l'enseignante qui le porte sur ses élèves pour qui elle constitue une figure d'autorité. Pourtant, la grande majorité des femmes au Québec appuient la loi 21.

Un autre exemple est la défense des personnes s'exprimant ou s'identifiant comme femme. Ce faisant, la FFQ met à risque l'avancement des droits des femmes en permettant, par exemple, à des hommes (selon leurs caractéristiques biologiques) de compétitionner contre des femmes dans le sport amateur ou professionnel.

Les Québécoises qui sont majoritairement mères de famille et hétérosexuelles ont été stupéfaites d'entendre Gabrielle Bouchard, la présidente de la Fédération, affirmer que les «relations de couple hétérosexuel devaient être proscrites parce que trop violentes», et que «l'on devrait discuter de la vasectomie obligatoire à 18 ans»! Par suite de ces propos, le gouvernement du Québec a même envisagé de couper la subvention annuelle de la FFQ de 120000 $.

Quant à moi, j'étais déjà stupéfait que madame Bouchard soit une femme trans. C'est comme si Israël élisait au poste de premier ministre un ancien nazi converti au judaïsme ! Bon, j'exagère... mais à peine.

Alors que la FFQ a déjà compté plus de 10000 membres, elle en compte maintenant moins de quatre cents, ce qui en dit long sur sa légitimité politique.

5.4. La misandrie systémique

Bien que les militants wokes se gargarisent tous les matins avec l'expression « racisme systémique », nous avons démontré au chapitre précédent qu'il s'agit d'une erreur sémantique. En effet, le racisme en Occident ne rencontre pas la définition du mot « systémique ». En revanche, il existe une autre forme de discrimination qui, elle, rencontre bel et bien la définition du mot « systémique ». Il s'agit de la « misandrie systémique », c'est la discrimination dont font désormais preuve les médias, le système judiciaire et autres institutions publiques à l'égard des hommes cisgenres et tout particulièrement des Blancs non-handicapés.

Un premier exemple de misandrie systémique est l'acceptabilité sociale de l'expression « masculinité toxique ». Comme si la masculinité ou la féminité pouvait être toxique ! Comme l'a fait valoir l'actrice Meryl Streep[249], il existe des gens toxiques chez les deux sexes. Prétendre à la toxicité d'un sexe en particulier relève du sexisme pur et dur.

Le Québec a battu un triste record en 2021 : dix-sept femmes ont été assassinées dans un contexte de violence conjugale. Bien que la pandémie ne soit pas étrangère à cette recrudescence de drames familiaux, la violence conjugale demeure inexcusable et inacceptable ; il faut continuer à la dénoncer

249. Shoard, C. Meryl Streep : « We hurt our boys by calling something "toxic masculinity" », *Guardian*, 31 mai 2019.

haut et fort, ce que les médias québécois ont fait. Hélas, certains lobbys misandres ont profité de la situation pour faire un raccourci intellectuel, c'est-à-dire induire que tous les hommes québécois hétérosexuels sont violents. Volontairement ou non, ils commettent ainsi une erreur statistique : le comportement des hommes les plus violents n'est aucunement représentatif du comportement des hommes moyens. Par exemple, ce n'est pas parce que les États-Unis gagnent le plus grand nombre de médailles aux Olympiques que leur population est en meilleure forme physique ; bien au contraire, la population états-unienne connait les plus hauts taux d'obésité au monde.

Par ailleurs, sur les 17 assassins, onze étaient autochtones ou immigrants[250]. Voilà un autre argument pour défaire le raccourci intellectuel selon lequel tous les hommes québécois hétérosexuels sont violents.

Comme je le faisais valoir dans un article[251] coécrit avec la féministe Andréa Richard, la violence conjugale n'est pas l'apanage des hommes. Selon l'INSPQ, une proportion supérieure de Canadiens (4,2 %) que de Canadiennes (3,5 %) ont déclaré avoir été victimes de violence conjugale entre 2009 et 2014, mais les hommes portent rarement plainte. Le nombre annuel de meurtres conjugaux au Québec est déplorable, mais demeure infime comparé au nombre de victimes chez les hommes. En effet, plus de 800 hommes se suicident chaque année à la suite d'une rupture amoureuse. Pourtant, cette statistique est rarement médiatisée.

Certes, un meurtre est moralement moins acceptable qu'un suicide. Il n'en demeure pas moins que le résultat final est le

250. Clermont-Goulet, J.-M. « 17 féminicides en 2021 : les femmes qui ont été assassinées au Québec cette année », *24 heures*, 29 septembre 2021, https://www.24heures.ca/2021/09/29/15-feminicides-en-2021-les-femmes-qui-ont-ete-assassinees-au-quebec-cette-annee

251. Gagnon, R., Richard, A. « Violence conjugale : une fausse solution à un vrai problème », *Le Nouvelliste*, 17 mars 2021.

même. De plus, certains suicides sont en fait des meurtres déguisés, où la violence psychologique a remplacé la violence physique. Les médias ne se gênent jamais pour publier des statistiques qui démontrent que la violence physique est prépondérante chez l'homme; en revanche, ils sont beaucoup plus discrets quand les statistiques démontrent une prépondérance inverse dans le cas de la violence psychologique.

Hommes comme femmes souffrent de l'échec de leur relation amoureuse; toutefois, les statistiques sur le suicide démontrent que les hommes en souffrent davantage. Il est grand temps de reconnaitre que les hommes sont moins bien outillés psychologiquement pour composer avec les affres du divorce. Par conséquent, au lieu de les dénigrer, la société devait leur venir en aide dès les premiers signaux d'alarme. On pourrait ainsi désamorcer bien des situations malheureuses dont les meurtres demeurent rarissimes quoique sensationnalistes. Les hommes sont des citoyens à part entière et méritent d'être supportés socialement au même titre que les femmes. Or, dans les faits, 90 % des ressources sociales sont allouées à ces dernières (le financement communautaire du ministère de la Santé et des Services sociaux favorise les femmes dans un rapport de 11 contre 1 pour l'ensemble du Québec[252]). Voilà un flagrant exemple de misandrie systémique. Si le MSSS redistribuait ses ressources plus équitablement, des centaines de suicides pourraient probablement être évités chaque année.

L'autre réalité occultée est que le système judiciaire ne respecte même plus le sacro-saint principe de la présomption d'innocence en matière de violence conjugale. Ainsi, avec un simple coup de téléphone, et sans qu'aucune preuve ne soit nécessaire, une femme peut faire cueillir son mari par la police et l'évincer du domicile familial. Hélas, plusieurs femmes

252. Dongois, M. « La testo et les dollars », *L'actualité médicale*, vol. 30, n° 2, 28 janvier 2009.

sans scrupule ont utilisé cette technique sur les conseils de leur avocat matrimonial afin de négocier un divorce au rabais.

À crime égal, la sentence devrait être égale. Et pourtant, un homme condamné pour le meurtre de sa femme fera, en moyenne, 18 ans de prison en Amérique du Nord. Pour une épouse meurtrière, la moyenne tombe à six ans[253].

La misandrie systémique est encore pire au sein du tribunal populaire. Il est actuellement à la mode sur les réseaux sociaux de porter des accusations d'agression sexuelle contre un homme, qu'elles soient fondées ou non. Les répercussions sont souvent désastreuses sur le couple, les amitiés et la carrière du prévenu. Parfois même, ces accusations sont anonymes. Le prévenu ne peut alors même pas poursuivre son accusatrice pour diffamation.

Le mouvement #MeToo et ses équivalences québécoises et françaises #MoiAussi et #BalanceTonPorc ont heureusement fait tomber des salauds comme Harvey Weinstein et Tariq Ramadan. En revanche, ces mouvements ont aussi brisé la vie et la famille d'hommes maladroits, mais inoffensifs comme Éric Brion, directeur général de la chaine française Equidia. L'initiatrice du mouvement #BalanceTonPorc, Sandra Muller, lui a fait perdre sa conjointe, ses amis et ses contrats sous prétexte qu'il avait manqué de classe en la draguant et bien qu'il se soit excusé le lendemain. Brion a écrit un livre qui raconte sa descente aux enfers[254].

Selon le psychologue canadien Jordan Peterson[255], il y a aussi le système d'éducation qui fait preuve de misandrie. La philosophe Christina Hoff Sommers partage également cette

253. Dallaire, Y. « Hommes et fiers de l'être », *L'actualité médicale*, vol. 30, n° 2, 28 janvier 2009.

254. Brion, E. *Balance ton père: Lettre à mes filles du premier accusé de #Balancetonporc*, JC Lattès, 2020.

255. Peterson, Jordan B. *12 Rules for life: an antidote to chaos*, Penguin Random House, 2018.

opinion. Dans son livre *War against boys*, paru en 2000, cette brillante féministe dénonce ce concept actuellement à la mode dans le milieu scolaire selon lequel l'identité sexuelle d'un enfant serait malléable. En vertu de cette idéologie constructiviste, les enseignants tentent de féminiser les garçons en les obligeant à faire des activités dites «non sexistes», et en mettant à la retenue ceux qui courent pendant la récréation ou encore qui jouent aux policiers et aux voleurs. Or, les batailles des jeunes garçons font partie de leur développement psychique normal[256]. Donc, nos jeunes garçons font désormais les frais de ces dérapages wokes dignes du communisme. Déjà, les jeunes garçons affichent en moyenne des notes inférieures aux filles et un taux de décrochage scolaire supérieur. Mises à part les sciences appliquées, les facultés à l'université comprennent désormais plus d'étudiantes que d'étudiants.

Déjà en 2004 au Québec[257], au niveau primaire, 43 % plus de garçons que de filles (10,6 % contre 7,4 %) redoublaient au moins une année, et l'écart grimpe à 70 % dans le cas de retards de deux ans ou plus. Parmi les entrants au Secondaire, 65 % plus de garçons que de filles (36 % contre 22 %) n'obtenaient pas leur diplôme d'études secondaires (DES). Deux fois plus de filles que de garçons (24 % contre 12 %) obtenaient un diplôme d'études collégiales (DEC) dans le délai prévu de 13 ou 14 années d'études, selon le programme. Et finalement, les femmes étaient plus de deux fois plus nombreuses à compléter leur baccalauréat (1er cycle universitaire en Amérique du Nord) au Québec. À l'échelle de l'OCDE, les diplômés universitaires

256. Geary, D. C. *Male, female: The evolution of human sex differences*, American Psychological Association, 1998.

257. *Le cheminement des élèves du secondaire à l'université*, ministère de l'Éducation du Québec, Direction de la recherche, des statistiques et des indicateurs, 2004. https://numerique.banq.qc.ca/patrimoine/details/52327/49434

comptent un tiers plus de femmes que d'hommes, alors que c'est 20 % de plus pour l'ensemble des pays du G20[258].

Selon le Collège des médecins, les femmes décrochent maintenant 70 % des diplômes en médecine alors que la parité était déjà atteinte dans les années 1980. Selon le barreau du Québec[259], les femmes ont décroché 63 % des diplômes en droit depuis vingt ans. Au Québec, 63 % des membres d'ordres professionnels sont désormais des femmes[260]. Selon le Conseil du trésor[261], en 2020, les femmes occupaient 59,3 % des postes au sein de la Fonction publique québécoise. De 1999 à 2020[262], l'effectif féminin au sein de la haute direction est passé de 33 % à 49 % alors que le nombre d'hommes en valeur absolue a même diminué.

Bref, le plafond de verre concerne désormais les hommes en Occident. Or, le discours politique est en retard sur cette nouvelle réalité sociale qui deviendra encore plus flagrante au cours des deux prochaines décennies. On ne retrouve pourtant aucun organisme voué à défendre les droits des garçons et des jeunes hommes. Pas de Fédération des hommes du Québec, pas de Secrétariat à la condition masculine, et pas de Conseil du statut de l'homme.

Je ne voudrais pas naitre femme aujourd'hui en Afghanistan, mais à peine davantage naitre homme en Occident. Notre société woke a décrété que la masculinité était toxique. Un garçon n'a plus le droit d'aimer la viande rouge, ni de se battre

258. *Regards sur l'éducation 2021. Les indicateurs de l'OCDE*, Éditions de l'OCDE, 2021.

259. https://www.barreau.qc.ca/media/3091/barreau-metre-2022-faits-saillants.pdf

260. Voir relevé annuel 2021 des Ordres des membres du Conseil interprofessionnel du Québec (CIQ), disponibles sur le site de l'Office des professions du Québec (OPQ): https://www.opq.gouv.qc.ca/accueil

261. *L'effectif de la fonction publique du Québec, 2019-2020: Partie 1*, Secrétariat du Conseil du trésor, 2020.

262. *L'effectif de la fonction publique du Québec, 1999*, Sous-secrétariat au personnel de la fonction publique, Conseil du trésor, 1999.

dans la cour de récréation, ni l'adolescent d'avoir des pulsions sexuelles, ni le jeune adulte d'avoir une bourse d'études et éventuellement un poste décent sur le marché du travail. Comme la femme en pays islamiste, l'homme en pays occidental s'efface, tranquillement, mais sûrement.

Pour venger la misogynie d'autrefois, notre société woke sacrifie donc une génération entière de jeunes hommes. Je les plains amèrement, mais je plains également les jeunes femmes qui, contrairement à leurs grand-mères, feront l'amour avec des hommes castrés.

5.5. La dysphorie du genre et autres névroses

Selon le DSM V, la référence en psychiatrie, une proportion infime (<0,014 %)[263] de la population est atteinte de dysphorie de genre, c'est-à-dire souhaite changer de sexe. À défaut de pouvoir changer ses chromosomes, la médecine moderne permet maintenant de ressembler à l'autre sexe, mais cette opération comporte son lot de complications potentielles et d'inconvénients à vie. Des photos circulant sur Internet donnent la nausée. On y voit notamment le torse nu d'une jeune fille traversé par une immense cicatrice alors qu'elle avait auparavant des seins esthétiquement parfaits. Quel gâchis !

La décision d'avoir recours à la chirurgie ne doit pas être prise à la légère. D'une part, un diagnostic fiable doit être posé qui ne confond pas une autre affection psychologique avec la dysphorie de genre ; or, cette confusion est fréquente chez les adolescents. D'autre part, toute décision aussi importante dans la vie requiert une maturité adéquate. Dans les circonstances, est-il raisonnable de permettre à un adolescent d'entreprendre

263. American Psychiatric Association. *DSM-5 Manuel diagnostique et statistique des troubles mentaux*, Elsevier Masson, 2015.

une transition de sexe ou même simplement de prendre des bloqueurs d'hormones avant l'âge de la maturité ? Notre société juge qu'un mineur n'a pas la maturité nécessaire pour boire de l'alcool. Selon cette même logique, un adolescent détient-il la maturité requise pour entreprendre un processus médical aussi lourd de conséquences ?

D'abord, force est de constater que la dysphorie du genre est un phénomène rarissime. La prévalence des allergies aux arachides est cent fois plus élevée[264]. Avons-nous banni les arachides des écoles pour autant ? De la même manière, faut-il bouleverser l'école pour un phénomène aussi marginal que la dysphorie de genre ? Pourtant, la loi[265] oblige désormais le personnel scolaire à traiter les élèves selon le genre auquel ils s'identifient. En plus, on laisse croire aux élèves que changer de sexe est aussi simple qu'une visite au centre d'achat pour renouveler sa garde-robe. Tout professeur qui tenterait de remettre en question ces nouvelles règles met à risque sa carrière et tout parent, la garde de son enfant. Fascisme woke oblige.

Dans la grande majorité des cas, les jeunes qui veulent changer de sexe ne vont pas bien psychologiquement : ils sont anxieux, dépressifs, irritables, voire suicidaires. Les protagonistes de l'idéologie de genre affirment sans ambages que cet état psychologique est justement dû au fait qu'ils sont nés dans le mauvais corps, et infèrent qu'une transition de sexe leur

264. *Santé Canada* : https://www.canada.ca/fr/sante-canada/services/aliments-nutrition/salubrite-aliments/allergies-alimentaires-intolerances-alimentaires/programme-recherche-allergenes-alimentaires/recherche-relative-prevalence-allergies-intolerances-alimentaires.html

265. C'est la conséquence du projet de loi canadien C-16 adopté en 2016. Même au Québec, on retrouve cette phrase « Par ailleurs, le refus intentionnel ou persistant de respecter l'identité ou l'expression de genre de l'élève trans ou non binaire peut être considéré comme une forme de harcèlement ou de discrimination susceptible d'entraîner des conséquences légales. » dans le *Guide à l'intention des milieux scolaires pour une meilleure prise en compte de la diversité sexuelle et de genre* : http://www.education.gouv.qc.ca/accueil/

permettra enfin de trouver le bonheur. C'est probablement vrai dans certains cas, mais certainement pas tous, car le taux de suicide est 19 fois plus élevé chez les patients qui ont subi une transition de sexe que chez leurs pairs de même sexe et de même âge[266]. Il se pourrait bien aussi que la cause de leur état psychologique soit autre et que la transition de sexe soit perçue à tort comme une solution. Bien sûr, il faut écouter ses enfants, mais faut-il toujours les croire ? Quand 20 % à 30 % des jeunes qui sont admis à l'Hôpital de Montréal pour un problème de santé mentale se questionnent par rapport à leur genre[267], la question vaut la peine d'être posée.

Pour la plupart des gens, l'adolescence n'est pas une période facile de la vie. Dans notre société consumériste, il peut être tentant de régler le problème en posant une action rapide et à la mode (les ados sont friands de mode) comme une transition de sexe plutôt que de faire une introspection psychologique qui demande beaucoup plus de temps et d'efforts. Le cas échéant, non seulement la transition de sexe ne règlera pas les problèmes originaux, mais elle en ajoutera de nouveaux, rendant la vie encore plus insupportable. D'ailleurs, un nombre grandissant (cinq fois plus grand en France depuis 2012) d'adolescents transgenres demandent de détransitionner rendus à l'âge adulte[268]. Ils admettent rétroactivement s'être trompés et reprochent même aux adultes de les avoir crus. Or, une transition suivie d'une détransition peut engendrer de sérieux problèmes de santé. En effet, les reconstructions de type vaginoplastie, phalloplastie ou opérations mammaires ne sont pas de banales

266. Dhejne, C. et coll. « Long-Term Follow-Up of Transsexual Persons Undergoing Sex Reassignment Surgery: Cohort Study in Sweden », *PLOS ONE*, 6(2): e16885, 22 février 2011.

267. https://ici.radio-canada.ca/info/2019/05/transgenre-sexe-detransitionneurs-transition-identite-genre-orientation/

268. https://www.ghu-paris.fr/sites/default/files/media/downloads/CAUSETTE-122-D%C3%89TRANSITION_0.pdf

chirurgies; par ailleurs, les bloqueurs de puberté comportent plusieurs effets secondaires dont la densification des os et dans certains cas, l'infertilité. Ces arguments à eux seuls justifient d'interdire les transitions de sexe avant l'âge adulte. À tout le moins, ces transitions ne devraient certainement pas être financées à même les deniers publics.

La Suède, pourtant pionnière dans le domaine des transitions de sexe, a d'ailleurs mis fin en 2021 à la prescription de bloqueurs d'hormones aux enfants mineurs (18 ans et moins), ne les estimant pas aptes à formuler un consentement libre et éclairé au sujet de leur identité. Évidemment, un tel argument s'applique d'autant plus à la mutilation génitale.

L'autre réalité est que 30 %[269] des personnes qui consultent pour une transition s'identifient comme non-binaires ou ne sont pas encore fixés sur leur genre préféré. Dans un tel cas, quelle est l'utilité d'une transition?

Aussi, plusieurs jeunes ont cru être nés dans le mauvais corps alors qu'en réalité ils étaient simplement homosexuels. Hélas, certains gays l'ont compris en retard et après la castration ont perdu toute libido. D'autres homosexuels veulent changer de sexe simplement pour cesser d'être victimes d'homophobie.

D'aucuns avancent même que l'idéologie trans cherche à convertir les homosexuels en transsexuels. Au fond, l'idéologie trans ne serait-elle pas homophobe?

La Dre Susan Bradley est une pionnière des transitions de genre au Canada et a ouvert la première clinique pour transgenres à Toronto en 1975. Aujourd'hui en fin de carrière, elle admet candidement que pour plusieurs adolescents la dysphorie de genre est une crise passagère et affirme ce qui suit:

269. *op. cit.*

> «Si l'on n'intervient pas, la majorité des enfants dysphoriques se réconcilient avec leur sexe biologique à la puberté et se rendent compte qu'ils sont tout simplement gais. Mais si on les met sur des bloqueurs, cela n'arrive pas.»

Hélas, les médecins ne sont pas tous aussi vertueux. En 2018, le Dr James Scott Bradley Martin de l'Ontario s'est vu retirer sa licence. Selon le Collège des médecins, ce médecin, qui traitait une trentaine de patients par semaine, a manqué de jugement en prescrivant des hormones masculines à une adolescente lors d'une première consultation d'à peine 30 minutes.

Finalement, il arrive souvent, chez les femmes surtout, que le corps durant l'adolescence se transforme plus vite que la tête. L'ado vit un autre genre de dysphorie. C'est encore une petite fille dans un corps de femme. Ce malaise est d'autant plus accentué par l'omniprésence de la pornographie en ligne. Ce phénomène est plus répandu qu'on ne le croit, surtout dans les milieux cossus. Chez les cas les plus bénins, l'ado se contente de porter des vêtements plus amples afin de dissimuler ses nouvelles formes qui l'embarrassent. Dans des cas plus extrêmes, l'ado veut changer de sexe pour ne plus se sentir comme un objet sexuel. Entre les deux, on assiste souvent à des réductions mammaires, une opération qui, très souvent, est amèrement regrettée quelques années plus tard.

Depuis 10 ans, le taux de demande de changement de «sexe» a augmenté de 4000 %. De plus, alors qu'il y a 10 ans, trois garçons pour une fille faisaient cette demande, aujourd'hui c'est sept filles pour un garçon. De plus en plus de chercheurs sur la transidentité croient que la transition de sexe est un phénomène de mode chez les jeunes, alimenté par les réseaux sociaux, et ont publié des articles en ce sens dont la Dre

Susan Bradley, la Dre Lisa Littman[270] de l'Université Brown, au Rhode Island, et l'anthropologue québécois Samuel Veissière[271]. Inutile de préciser que plusieurs ont fait l'objet de menaces de la part de l'impitoyable lobby trans. La Dre Littman a même perdu son emploi.

Le Dr Kenneth Zucker a subi le même sort. Cet expert autrefois très respecté en matière de dysphorie de genre osait confronter le désir de transition de ses patients afin de vérifier qu'ils prenaient une décision éclairée. Cette confrontation est saine, car souvent la dysphorie de genre est un faux diagnostic induit par des troubles psychologiques[272], dont la personnalité limite (*borderline*) et même l'autisme[273]. Compte tenu des conséquences irréversibles d'une transition, il est essentiel de poser un diagnostic éclairé sur la santé mentale du patient. Par exemple, une adolescente souffrant d'anorexie se verra plus grosse qu'elle l'est vraiment; c'est le rôle du thérapeute de la confronter et de lui faire réaliser que le problème n'est pas dans son corps, mais plutôt dans sa tête. D'ailleurs, un sondage révèle que 55 % des patients qui ont décidé de revenir à leur sexe original (détransition) estiment qu'ils n'avaient pas reçu une évaluation adéquate d'un médecin ou d'un professionnel

270. Littman, L. « Parent reports of adolescents and young adults perceived to show signs of a rapid onset of gender dysphoria », *PLoS One*. 2018; 13(8): e0202330.

271. Veissière, S. « Why Is Transgender Identity on the Rise Among Teens? A new study of social contagion raises important clinical and ethical questions. », *Psychology Today*, 28 novembre 2018.

272. Bechard, M. et coll. « Psychosocial and Psychological Vulnerability in Adolescents with Gender Dysphoria: A "Proof of Principle" Study », *Journal of Sex & Marital Therapy*, 43(7), p. 678-688, 3 octobre 2017. https://pubmed.ncbi.nlm.nih.gov/27598940/

273. Jones RM et coll. (févr. 2012). « Brief report: female-to-male transsexual people and autistic traits ». *Journal of Autism and Developmental Disorders*., 42 (2), p. 301-6, février 2012. https://www.ncbi.nlm.nih.gov/pubmed/21448752

de la santé mentale avant d'entamer leur transition[274]. Ce même sondage révèle que seulement 24 % d'entre eux ont informé leurs cliniciens qu'ils avaient effectué une détransition, ce qui laisse croire que la réelle proportion des patients qui détransitionnent est plus élevée que ce que les statistiques officielles veulent bien nous laisser croire.

L'Association médicale gay et lesbienne a fini par accuser le Dr Kenneth de pratiquer la thérapie de conversion; il a été licencié et sa réputation a été ruinée. Le Dr Kenneth a publié trois livres et une centaine d'articles scientifiques; il faisait même partie du groupe de travail du DSM-5, la bible de la psychiatrie. Son «annulation» est une lourde perte pour la communauté scientifique. Encore une fois, le parallèle que je faisais au chapitre précédent avec l'Union soviétique est flagrant; les scientifiques qui osaient remettre en question l'idéologie communiste subissaient les foudres du pouvoir. Les autres membres du comité du DSM ont compris le message; depuis la version 5, le DSM parle lui aussi de sexe assigné à la naissance bien que ce concept n'ait aucun fondement scientifique. Bref, la politique l'emporte toujours sur la science.

L'association des Sceptiques du Québec a également goûté à la censure woke. À cause de récents articles qui osaient mettre en doute la doctrine trans, elle a été expulsée de la fédération des associations sceptiques francophones (FIDESS).

Les transitions de sexe soulèvent également des questions éthiques dans le monde du sport amateur. La controverse a débuté avec l'haltérophile transgenre Laurel Hubbard qui a fait ses débuts aux jeux olympiques de Tokyo (voir photo au début du chapitre). Hubbard est née de sexe masculin et

274. Littman, L. «Individuals Treated for Gender Dysphoria with Medical and/or Surgical Transition Who Subsequently Detransitioned: A Survey of 100 Detransitioners», *Archives of Sexual Behavior*, 50, p.3353-3369, novembre 2021. https://pubmed.ncbi.nlm.nih.gov/34665380/

a concouru en tant qu'homme avant de devenir une femme dans la trentaine. On lui reprochait un avantage injuste sur les autres athlètes véritablement femmes mais la controverse s'est vite calmée car l'athlète trans n'a pas réussi à soulever une seule barre.

En revanche, à Atlanta en mars 2022, la nageuse transgenre Lia Catherine Thomas est arrivée première à l'épreuve féminine du 500 verges nage libre du championnat national de la NCAA devant deux médaillées olympiques des Jeux de Tokyo. Avez-vous déjà vu une photo de madame Thomas ? Un homme moyen paraît frêle à ses côtés ; le contraste avec les deux autres nageuses au podium était stupéfiant. Lorsqu'elle nageait dans l'équipe des hommes, elle n'arrivait qu'au 65e rang à l'épreuve de 500 verges. Autrement dit, la meilleure des nageuses ferait piètre figure dans une compétition masculine. Dans ce contexte, est-il juste et équitable de laisser concourir des femmes trans ? Surtout si elles ont fait leur transition après la puberté ?

Seize nageuses de l'équipe de madame Thomas ont signé une lettre ouverte dans le magazine *Swimming World* afin de demander à leur université de les soutenir en tant que femmes biologiques. Elles lui reconnaissent pleinement « [...] le droit de vivre sa vie de manière authentique », mais considèrent que « dans les compétitions sportives, le sexe biologique est une question différente de l'identité de genre ».

Depuis 2015, le Comité international olympique (CIO) exigeait des athlètes trans un taux de testostérone n'excédant pas 10 nmol/L afin de pouvoir rivaliser dans la catégorie féminine. Même si ce taux est faible pour les hommes, il reste plusieurs fois supérieur au taux maximal de testostérone autorisé pour les femmes (environ 2 nmol/L). Déjà, ce consensus ne pouvait éliminer l'énorme avantage biologique des hommes sur les femmes en matière de performance sportive (masse musculaire, puissance explosive, capacité pulmonaire, etc.). Or, avec les récentes (novembre 2021) directives dévoilées en matière d'équité et d'inclusion[275], les hommes biologiques qui s'auto-identifient «femmes» et qui souhaitent compétitionner dans la catégorie féminine n'auront plus à abaisser leur taux de testostérone. Encore une fois, la mode l'emporte sur le gros bon sens.

En terminant, il ne faut jamais perdre de vue que le marché de la transition sexuelle est un business qui se chiffre en milliards de dollars. Aussi ne faut-il pas s'étonner que les lobbys qui font la promotion de la transition sexuelle ne soient pas uniquement mus par des considérations morales, mais aussi des considérations mercantiles. Or, en cette ère des médias sociaux, les lobbys bien nantis réussissent souvent mieux à passer leur message.

Les chirurgiens qui en sont rendus à faire de la publicité sur TikTok pour encourager des jeunes filles mal dans leur peau à se faire charcuter les seins (mastectomie)[276] ont oublié depuis longtemps le serment d'Hippocrate.

Le concept de base du consumérisme moderne est que le bonheur passe par la consommation. La réalité est que le bonheur ne s'achète pas. Aussi ne faut-il pas s'étonner que le taux de suicide des femmes avec implants mammaires soit de 73 % plus élevé que dans la population en général[277]. Ces femmes au départ avaient peut-être plus besoin d'un psychologue que d'un chirurgien plastique. Je suis porté à croire qu'il en est de même pour ceux qui envisagent une transition de sexe.

275. https://olympics.com/ioc/news/ioc-releases-framework-on-fairness-inclusion-and-non-discrimination-on-the-basis-of-gender-identity-and-sex-variations

276. Voir: https://lisaselindavis.substack.com/p/yes-kids-are-getting-gender-surgeries?s=w

277. «Plus de risques de suicide», *Radio-Canada*, le 25 septembre 2006, https://ici.radio-canada.ca/nouvelle/323118/implants-seins-suicide

Quoiqu'il en soit, j'anticipe de nombreux regrets et même de nombreuses poursuites judiciaires contre l'État d'ici quelques années. L'argument principal des poursuivants sera simple, mais non moins pertinent:

> «Pourquoi m'avez-vous cru(e) alors que j'étais en pleine crise d'adolescence?»

On ne compte plus les adolescentes qui ont vécu des histoires d'horreurs à cause de cette mode de mutilation sexuelle. Si le sujet vous intéresse, je vous encourage à lire *Dommages irréversibles* de l'auteure Abigail Shrier.

5.6. Le transgenrisme

À l'époque de mon grand-père au Québec, seules les femmes cuisinaient au foyer. En revanche, c'est presque toujours moi qui ai cuisiné à la maison. En plus, c'est moi qui m'occupais de choisir et planter les fleurs annuelles au printemps. Pourtant, je ne me sens pas moins homme ni gay pour autant. Ou peut-être que sans le savoir j'appartiens à un nouveau genre?

J'ai fait pratiquer des arts martiaux et des sports extrêmes à mes filles pendant toute leur jeunesse. Aujourd'hui, elles ne sont pas moins féminines pour autant. Ou peut-être qu'elles aussi appartiennent à un nouveau genre?

Il semble encore plus évident qu'un mâle homosexuel appartienne à un genre différent du genre masculin traditionnel. Et probablement aussi que le partenaire passif du couple de gais n'appartient pas au même genre que son conjoint. Idem pour les lesbiennes.

On pourrait continuer ainsi longtemps avec les bisexuels, pansexuels, asexuels, autosexuels, queers, non binaires, *genderfluid*, agenres, aromantiques, demi-sexuels, graysexuels...

mais quel en est l'intérêt? Sous réserve de quelques régions rétrogrades comme les États de la *Bible Belt* aux États-Unis, les Occidentaux ne sont pas (ou plus) enfermés dans des définitions strictes et traditionnelles de genre. Dans une société libre comme l'Occident, les citoyens peuvent décider de leur vie sexuelle tout comme de leur religion. Comme un célèbre premier ministre canadien l'a déjà sagement affirmé:

> «L'État n'a rien à faire dans les chambres à coucher de la nation.»

Toutefois, ce qui se passe dans la chambre à coucher doit aussi demeurer dans la chambre à coucher. Le *prosélytisme* sexuel n'est pas davantage justifié ni désiré sur la place publique que le prosélytisme religieux. On blâme les enseignantes islamistes de faire du prosélytisme auprès de nos jeunes en portant le hijab en classe. Quand la drag queen Barbada lit des contes aux jeunes enfants dans les bibliothèques de Montréal, elle fait ni plus ni moins elle aussi du prosélytisme, mais cette fois-ci pour la religion woke. Je n'ai rien contre les drag queens qui se promènent sur la rue Sainte-Catherine de Montréal à 23 h; elles colorent notre centre-ville et rendent notre ville moins aseptisée que bien des villes anglo-saxonnes au pays. Cependant, à mon sens, elles n'ont pas leur place dans les bibliothèques ni auprès des enfants. Il faut respecter le code vestimentaire de chaque institution. Accepterions-nous que Miss Monde se présente en bikini à la bibliothèque ou en classe? Le même raisonnement prévaut pour les drag queens et autres genres.

Par ailleurs, nous n'avons pas à adopter une écriture inclusive ou épicène ni dans les textes de loi ni au quotidien pour reconnaitre la diversité des genres. D'ailleurs, la majorité de la communauté LGBTQIA2S+ est constituée d'homosexuels «classiques» qui s'accommodent très bien du statu quo à cet égard. Si certains militants leaders communautaires manquent de combats, je les encourage à aller défendre leur cause dans les pays islamistes.

Un homme est libre de croire qu'il est une femme ou vice-versa ou encore que la mère de Jésus était vierge, mais nous ne devrions pas être obligés d'embarquer dans ses fabulations. Désolé, mais il devient burlesque d'appeler par le pronom «madame» un homme avec une grosse barbe ou par le pronom «monsieur», une femme avec un décolleté plongeant. Mais c'est pourtant ce que la loi canadienne exige depuis l'adoption du projet de loi C-16 en 2016. En vertu de la Commission ontarienne des droits de la personne[278], refuser de se référer à une personne par son pronom personnel désiré constitue du harcèlement. Or, le harcèlement est passible de cinq ans d'emprisonnement en vertu de l'article 319 du Code criminel canadien. Ne commencez-vous pas à déceler une odeur de fascisme dans cette idéologie du genre?

Jordan Peterson, un célèbre professeur de l'Université de Toronto a toujours refusé de se soumettre à ces diktats linguistiques dignes du marxisme et d'utiliser les nouveaux pronoms prescrits en langue anglaise pour s'adresser aux personnes trans («they», «ze», «zir» au lieu de «he» et «she»). Les représailles de la communauté trans n'ont pas tardé: il a été chahuté durant des conférences, son bureau a été vandalisé, et il a reçu de multiples menaces. Peterson a fini par abdiquer devant l'autoritarisme de l'idéologie du genre et a démissionné de son prestigieux poste en 2022.

La docteure en philosophie Rhéa Jean a également goûté à la hargne des trans. Elle a osé affirmer dans une conférence

278. https://www.ohrc.on.ca/sites/default/files/Policy%20on%20preventing%20discrimination%20because%20of%20gender%20identity%20and%20gender%20expression.pdf

donnée à l'Université du Québec à Montréal en 2016 que d'un point de vue biologique, tous les humains sont des êtres sexués. Il n'en fallait pas plus pour que quelques dizaines de spectateurs bruyants la chahutent et la fassent expulser. Comme certains wokes, certains trans reproduisent la violence qu'ils prétendent combattre.

Les trans veulent non seulement éliminer des textes de loi tous les mots qui font référence aux sexes biologiques comme « père » et « mère », « homme » et « femme », mais aussi introduire le genre neutre dans la langue française. Le hic avec la langue française est que, contrairement à la langue anglaise, les adjectifs s'accordent en nombre et en genre. En définitive, pour faire plaisir à une minorité d'individus ultra-susceptibles (pour rester dans le registre des mots polis), toute la population devrait réapprendre une nouvelle langue et renoncer à la notion de sexe qui est pourtant importante pour la majorité des gens. Voilà une démonstration additionnelle que notre système démocratique est victime de la tyrannie des minorités.

Hélas, le délire transgenre ne s'arrête pas là. L'identité de genre et non le sexe réel est désormais le critère pour déterminer si un criminel doit être détenu dans une prison pour femmes ou pour hommes. Ainsi, de plus en plus d'hommes se disant femmes se retrouvent dans des établissements pour femmes. Certains d'entre eux ont même été condamnés pour viol, ce qui fait courir un danger injustifié aux vraies femmes détenues, d'autant plus que leur vrai sexe est gardé secret. Certains prisonniers feignent même d'être transgenres afin de justement pouvoir continuer à agresser sexuellement d'autres femmes en prison. On pense notamment au tristement célèbre cas de Stephen Wood (alias Karen White[279]) qui avait été incarcéré préventivement en 2017 pour deux accusations d'agression sexuelle en Angleterre et qui a pu ainsi commettre deux autres agressions en prison avant d'être retransféré dans une institution pour hommes.

Certains détenus feignent d'être transgenres non pas pour agresser d'autres femmes en prison, mais simplement parce que les institutions carcérales pour femmes sont beaucoup moins violentes et aussi parce qu'ils peuvent ainsi bénéficier de certains privilèges pour dissimuler leur vrai sexe comme des unités et des douches individuelles. Il est quand même étonnant que le système de justice se fie à la parole d'un criminel pour déterminer son genre, mais l'idéologie de genre n'est pas à une ineptie près.

Au Canada, 50 % des prisonniers mâles qui s'identifient comme des femmes trans et demandent un transfert dans une prison pour femmes sont des délinquants sexuels qui ont commis leurs agressions sexuelles avant leur changement d'identité sexuelle ! Cette statistique surreprésente les délinquants sexuels qui représentent 20 % de la population carcérale masculine dans son ensemble[280]. 50 % contre 20 % ! Mesdames et Messieurs les fonctionnaires fédéraux, comment pouvez-vous encore croire que ces demandes de transfert sont de bonne foi ? ! Vous facilitez la planification de leur prochaine agression sexuelle.

Le prochain prédateur sexuel qui manipulera le système judiciaire au Canada est Jody Matthew Burke. Cet entraîneur professionnel aux biceps surdimensionnés a déjà été reconnu

279. Howes, S. « "I was sexually assaulted by a transgender rapist in a women's jail": Female prisoner, 45, describes ordeal at the hands of sex predator, 56, who molested four inmates during three-month reign of terror. », *Daily Mail*, 15 janvier 2022.

280. Mason, H. « The alarm has been sounded, who's going to respond? », *Women Are Human*, 5 décembre 2019.

huit fois coupable d'agression sexuelle, mais demande une sentence allégée sous prétexte qu'il se considère maintenant une femme ! Il invoque même la clémence sous prétexte que l'anxiété provoquée par sa dysphorie de genre serait responsable de sa délinquance passée. Il exige même qu'on réfère à «*elle*» devant le tribunal, ce qu'évidemment les naïfs d'avocats ont respecté.

Il n'y a pas que dans les prisons que les femmes se sentent de plus en plus vulnérables. Des hommes qui se disent femmes, mais qui n'ont subi aucune opération et qui ne suivent aucune hormonothérapie, peuvent désormais accéder aux toilettes pour femmes et même prendre leur douche ou sauna avec elles dans les vestiaires de centres sportifs. Les cas d'agression sexuelle dans ces circonstances demeurent rares, mais les malaises et inconforts sont fréquents.

Un dernier exemple d'insanité est la poursuite judiciaire de Jessica Yaniv, cette femme transgenre qui a pris rendez-vous avec des cliniques esthétiques en Colombie-Britannique pour une épilation brésilienne, soit un service permettant d'éliminer la plupart ou la totalité des poils pubiens. Quand les esthéticiennes ont découvert les organes génitaux masculins de ladite Jessica, elles ont refusé de l'épiler et cette dernière a alors porté plainte pour discrimination. Heureusement, le tribunal a finalement donné raison aux esthéticiennes, mais ces dernières ont dû invoquer des motifs religieux pour s'en sortir et ont vécu inutilement une grande anxiété.

Les Canadiens devront s'habituer à de telles aberrations, car leur premier ministre a accordé en 2022 un budget de 100 M$ sur cinq ans aux organismes LGBTQIA2S+ afin d'alimenter leur délire victimaire[281].

Ô Canada !

281. « Justin Trudeau dévoile le premier Plan d'action fédéral 2ELGBTQI+ du Canada », Radio-Canada, 28 août 2022, https://ici.radio-canada.ca/nouvelle/1908487/canada-premier-ministre-plan-lgbtq-100-millions?fbclid=IwAR15lYCS1AaA3MRgt9q-dabHruxOMhfmulqIdx5xoH4pg_YMh-mlfHKTrLiA

Manifestation pro-vegan à New York en 2010

L'embonpoint est d'abord une question de santé mentale.

Dominique Garrel

Catherine Sénécal

6. Obésité, végétalisme et autres troubles alimentaires

Ce chapitre traite de nutrition. Quel est le rapport avec l'abrutissement de l'espèce humaine ? D'une part, les troubles alimentaires sont les symptômes de troubles mentaux. Notamment, les motivations profondes qui se cachent derrière le véganisme sont communes avec celles d'adhérer à une religion. D'autre part, certains troubles alimentaires, dont le végétalisme, engendrent des carences alimentaires qui, à long terme, altèrent les capacités cognitives de l'humain.

Ce chapitre ne se veut pas un inventaire exhaustif des troubles alimentaires ; ce serait l'objet d'un livre entier en soi. Par exemple, je n'y traiterai volontairement pas d'anorexie ni de jeûne. J'ai plutôt choisi de traiter de modes alimentaires qui ne sont généralement pas considérées comme des troubles alimentaires. Je commence par une mode plutôt bénigne : la phobie du gluten. J'enchainerai ensuite avec le véganisme dont les conséquences sont beaucoup plus sérieuses. Je conclurai finalement le chapitre en traitant d'un autre phénomène social issu du wokisme : la banalisation de l'obésité.

6.1. La mode du gluten

À la suite du décès subit et prématuré de ma belle-mère en 2009, j'ai racheté la boulangerie Inéwa de Montréal, une entreprise familiale qu'elle avait fondée 15 ans plus tôt. C'était à l'époque la plus importante boulangerie artisanale du Québec et d'ailleurs la première à être certifiée bio; ses produits se retrouvaient déjà dans quelques centaines d'épiceries dans l'est du pays. Après avoir réglé certains problèmes de gestion, dont l'impartition de la distribution par un distributeur externe, j'ai pu enfin me consacrer à ma passion d'ingénieur: l'innovation technologique. Je ne partais pas de zéro compte tenu de mon expérience précédente dans le domaine agroalimentaire (production de champignons pleurotes) et de mon premier livre sur la nutrition[282]. J'ai finalement revendu l'entreprise en 2019 après avoir lancé avec succès plusieurs produits innovants bien que d'aucuns croyaient au départ qu'il n'y avait plus rien à inventer dans une technologie vieille comme le monde.

Très tôt, le marché m'a obligé à m'intéresser au phénomène du gluten[283]. En effet, la mode changeait rapidement il y a dix ans et les traditionnels clients de notre boulangerie délaissaient désormais le pain bio pour le pain sans gluten. L'entreprise devait donc se réinventer sinon périr, car elle ne faisait pas le poids à côté des gens de l'industrie. L'ingénieur en moi a donc analysé la fameuse protéine qu'on appelle gluten et ses impacts sur la santé humaine.

282. Gagnon, Romain. *Vivre mince, gourmand et en santé*, Options Santé, 2004.

283. Le gluten est un mélange de protéines qui sert à faire lever le pain. Le mot «gluten» provient du latin et signifie «colle». En effet, les propriétés viscoélastiques du gluten rendent une farine panifiable. C'est pourquoi les seules céréales qui permettent de faire du pain contiennent toujours une certaine quantité de gluten (ex. blé et seigle). Lorsque des pains sont faits à partir d'une autre céréale qui ne contient pas de gluten (ex. sarrasin, riz ou millet), au moins 75 % de blé doit y être ajouté. Un pain dit «sans gluten» n'est donc pas techniquement un pain, mais un gâteau.

Je me suis alors rendu compte que la véritable allergie au gluten, qu'on appelle techniquement la maladie céliaque, concernait moins de 1 % de la population. Comment pouvait-on alors expliquer que 18 % de la population achetait désormais des produits sans gluten? J'ai alors découvert que 6 % de la population était en fait simplement sensible au gluten et non allergique; j'ai donc développé une gamme de produits faibles en gluten (<1 %) pour servir cette clientèle. Le pain était parfaitement digestible pour cette clientèle, mais passablement meilleur au goût (et pour la santé) qu'un pain sans gluten. Par ailleurs, j'ai aussi découvert qu'un autre 5 % de la population était en fait sensible aux FODMAP[284], une autre substance qu'on retrouve en plus ou moins grande quantité dans le pain, mais dont la sensibilité était confondue avec le gluten. J'ai donc développé une autre gamme de produits faibles en FODMAP en collaboration avec l'Université Monash d'Australie. Cet organisme était le seul à l'époque qui certifiait les produits faibles en FODMAP. Les consommateurs aux prises avec une sensibilité aux FODMAP étaient ainsi bien heureux de pouvoir continuer à manger du pain.

Mais le compte ne balançait toujours pas: il demeurait encore 5 % de la population qui achetaient des produits sans gluten, mais qui n'étaient ni céliaques, ni sensibles au gluten, ni même sensibles aux FODMAP. J'ai cherché longtemps l'explication pour finalement découvrir qu'elle n'appartenait pas à la science de la nutrition, mais plutôt celle de la psychologie.

284. Les FODMAPs, autrement dit Fermentable – Oligosaccharides – Disaccharides – Monosaccharides – And – Polyols, sont des petites chaines d'hydrate de carbone qui sont incomplètement absorbées par l'intestin grêle et plus tard fermenté dans le côlon. Ce sont des chaines de sucre que l'on retrouve dans certains légumes, légumineuses, céréales, produits laitiers, et confiseries. Chez certaines personnes, notamment celles atteintes du syndrome du côlon irritable, les FODMAPs provoquent des symptômes de gonflements, maux de ventre, diarrhée, et flatuosité.

En d'autres termes, le problème n'était pas dans l'intestin, mais entre les deux oreilles.

Le 5 % restant représentait des hypocondriaques qui avaient démarré une nouvelle religion: la phobie du gluten. Le sujet monopolisait leurs pensées et leurs conversations. Au Québec, ils avaient même leur gourou: Jacqueline Lagacé.

Mon cerveau d'ingénieur a toujours eu de la difficulté à composer avec la pensée irrationnelle. Je ne compte plus les discussions que j'ai entretenues avec ces hypocondriaques. J'ai à peine réussi à en ramener 10 % sur terre. Pourtant, parmi eux se trouvaient aussi des gens intelligents et érudits. J'ai alors reconnu une affection mentale qui détracte la pensée logique et qui l'emporte sur l'intelligence et l'érudition. Il s'agissait d'un phénomène similaire à celui qui pousse un humain à croire en Dieu (au sens théiste), à devenir woke ou encore végan. On y retrouve essentiellement les mêmes ingrédients:

- Une aberration scientifique à la base
- Un sentiment d'appartenance à un groupe social
- Un masochisme compulsif à se compliquer la vie
- Un plaisir à faire la morale à autrui
- Un plaisir à faire du prosélytisme.

Comme je l'explique dans mes premiers chapitres, ces gens sont imperméables à la pensée rationnelle tout comme les militants radicalisés. Dans le cas du gluten, c'est juste rigolo. Toutefois, dans le cas du végétalisme, les conséquences sont passablement plus sérieuses.

6.2. La mode du véganisme

Le corps humain a des besoins nutritifs bien précis et la science de la nutrition sert à bien les combler. Il faut donc s'alimenter en tenant compte de ces besoins objectifs et non d'une quelconque mode alimentaire. Dit autrement, on ne choisit pas sa diète comme on choisit un parti politique. Hélas pour certains, la nutrition est devenue aujourd'hui davantage une religion qu'une science. Ce phénomène est une autre déclinaison du relativisme et du constructivisme woke selon lesquels il n'existe plus de vérité absolue, seulement des opinions aussi arbitraires les unes que les autres.

Le dernier régime alimentaire en vogue est le végétalisme. Alors que le régime végétarien proscrit la consommation de la viande incluant poisson et fruits de mer, le végétalisme va plus loin et interdit la consommation de toute protéine animale, œufs, laits, et fromages y compris. Le véganisme est une idéologie politique qui inclut le végétalisme, mais qui ne se limite pas à la nutrition. En effet, le véganisme proscrit toute exploitation animale s'étendant alors à l'utilisation de fumier, de cuir, de fourrure et de laine, mais aussi de pinceaux à base de poils ainsi que de médicaments et vaccins expérimentés sur des animaux. Il proscrit le mal-être animal interdisant alors le poison à rats et l'insectifuge. Le véganisme proscrit aussi tout spectacle impliquant des animaux, dont les zoos et cirques. Certains végans pourfendent également les chevaux de calèche, les animaux domestiques, les chiens pour aveugles et même la zoothérapie.

Les prétentions des végans sont nombreuses. Ainsi, le véganisme:

- Procurerait une meilleure santé
- Serait plus écologique
- Résoudrait le problème de la faim dans le monde
- Préviendrait la souffrance animale
- Et propagerait une nouvelle culture de paix.

Qui peut rester insensible à d'aussi nobles objectifs? Hélas, la réalité est moins rose.

Commençons par le premier argument des végans: la santé. Bien que le végétalisme semble attrayant a priori, surtout à cause de la prise de conscience écologique de la population, ce régime alimentaire ne convient pas actuellement au métabolisme de l'humain et peut entraîner à long terme de sérieux problèmes de santé, équivalents sinon pires que le tabagisme. Hélas, cette réalité est occultée par ses protagonistes.

Déjà, les végétariens doivent prendre soin de ne pas manquer de vitamine B12 ni d'aucun acide aminé essentiel. En effet, contrairement à la viande, aucun végétal ne contient de vitamine B12 (sauf certains champignons gastronomiques) ni suffisamment de tous les acides aminés essentiels; il faut donc varier les sources de végétaux (légumineuses, céréales, soya, maïs) et consommer des suppléments alimentaires.

Quant aux végétaliens, prévenir les carences en certains acides aminés, vitamine B12, vitamine D, fer, et calcium, leur demandera une vigilance continuelle et de solides connaissances en nutrition. Internet fourmille de mauvaises expériences vécues par des personnes qui pensaient bien faire en se privant de produits d'origine animale, mais sans les compenser adéquatement. De plus, aucun végétal ne contient d'acides gras oméga-3 eicosapentaénoïques (AEP) et docosahexaénoïques (ADH), sauf quelques rares microalgues. Or ces deux substances sont essentielles à la santé du cerveau.

Les AEP et ADH sont les matériaux de construction avec lesquels l'organisme bâtit les neurones[285]. Leur déficience entraîne donc toutes sortes de désordres psychiatriques dont on

285. Mahadik, S.P., D. Evans. «Essential fatty acids in the treatment of schizophrenia», *Drugs of today*, vol. 33, nº 1, 1997, p. 5-17.

ignorait autrefois la cause[286]. Une carence prénatale ou postnatale nuit au développement de l'acuité visuelle et des aptitudes cognitives du nouveau-né et pourrait même entraîner des problèmes de comportement, voire des maladies psychiatriques[287]. La consommation de poisson est donc primordiale durant la grossesse et l'allaitement[288]. Elle prévient notamment l'accouchement prématuré[289]. Elle pourrait même éviter la dépression post-partum[290]. Une carence pendant l'enfance et l'adolescence pourrait expliquer plusieurs cas de dyslexie[291], d'autisme[292], d'hyperactivité[293], de problèmes de mémoire[294], de langage[295],

286. Connor, W.E. « Importance of n-3 fatty acids in health and disease », *American Journal of Clinical Nutrition*, vol. 71, n° 1, 2000; James, M. J. et coll. « Dietary polyunsaturated fatty acids and inflammatory mediator production », *American Journal of Clinical Nutrition*, vol. 71, n° 1, 2000; Kremer, J. M. « n-3 Fatty acid supplements in rheumatoid arthritis », *American Journal of Clinical Nutrition*, vol. 71, n° 1, 2000.

287. Fugh-Berman, A., J. M. Cott. « Dietary Supplements and Natural Products as Psychotherapeutic Agents », *Psychosomatic Medicine*, vol. 61, n° 5,1999, p. 712-28.

288. Matorras, R. et coll. « Longitudinal study of fatty acids in plasma and erythrocyte phospholipids during pregnancy » *J Perinat Med.*, vol. 29, n° 4, 2001, p. 293-7; Hibbeln, J. R. « Seafood consumption, the DHA content of mothers' milk and prevalence rates of postpartum depression: a cross-national, ecological analysis », *J Affect Disord.* vol 69, n° 1-3, 2002, p. 15-29; Helland, I. B. et coll. « Similar Effects on Infants of n-3 and n-6 Fatty Acids Supplementation to Pregnant and Lactating Women » *Pediatrics* vol. 108, n° 5, 2001.

289. Olsen, S.F., N.J. Secher. « Low consumption of seafood in early pregnancy as a risk factor for preterm delivery: prospective cohort study » *BMJ*, vol. 324, n° 447, 2002.

290. Freeman, M.P. « Omega-3 fatty acids in psychiatry: a review », *Ann Clin Psychiatry* vol. 12, n° 3, 2000, p. 159-65.

291. Richardson, A.J. et M.A. Ross. « Fatty acid metabolism in neurodevelopmental disorder: a new perspective on associations between attention-deficit/hyperactivity disorder, dyslexia, dyspraxia and the autistic spectrum », *Prostaglandins Leukot Essent Fatty Acids*, vol. 63, n° 1-2, 2000.

292. Richardson, A.J. et B.K. Puri. « The potential role of fatty acids in attention-deficit/ hyperactivity disorder », *Prostaglandins Leukot Essent Fatty Acids*, vol. 63, n° 1-2, 2000.

293. Mitchell, E.A. et coll. « The effects of essential fatty acid supplementation by Efamol in hyperactive children », *J Abnorm Child Psycho*, vol. 15, n° 1, 1987.

294. Richardson, A.J. et coll. « Eicosapentaenoic acid treatment in schizophrenia associated with symptom remission, normalisation of blood fatty acids, reduced neuronal membrane phospholipid turnover and structural brain changes », *Int J Clin Pract.*, vol. 54, n° 1, 2000.

295. Taylor, K.E. et coll. « Visual function, fatty acids and dyslexia » *Prostaglandins Leukot Essent Fatty Acids*, vol. 63, no 1-2, 2000.

d'apprentissage[296], et de comportement[297]. De façon générale, les enfants dont l'alimentation est déficiente en ADH développent un cerveau plus petit[298] et un quotient intellectuel inférieur[299]. Avis aux gens d'affaires, politiciens et courtiers: l'ADH protège contre le stress. En revanche, sa déficience en période de stress expliquerait le comportement criminel[300]. Plusieurs études modernes suggèrent que l'ADH a un impact direct sur la santé mentale[301]. Une déficience induirait des troubles du sommeil, de l'agressivité, de la nervosité, de l'anxiété, la dépression, la schizophrénie, les phobies, la maladie d'Alzheimer, les pertes de mémoire, la démence, l'alcoolisme, la dépendance aux drogues et même le suicide[302].

À l'été 2019, la justice australienne a condamné un couple de jeunes parents à une peine de 18 mois de prison avec sursis pour avoir restreint l'alimentation de leur bébé à une stricte diète végane et ainsi lui avoir causé de sérieux problèmes de

296. Stordy, B.J. «Dark adaptation, motor skills, docosahexaenoic acid, and dyslexia» *American Journal of Clinical Nutrition*, vol. 71, n° 1 (suppl.), 2000, p. 323-326.

297. Burgess, J.R. et coll. «Long-chain polyunsaturated fatty acids in children with attention-deficit hyperactivity disorder» *American Journal of Clinical Nutrition*, vol. 71, n° 1, 2000, p. 327-330.

298. Castellanos, F.X. et coll. «Developmental trajectories of brain volume abnormalities in children and adolescents with attention-deficit/hyperactivity disorder» *JAMA*, vol. 288, n° 14, 2002.

299. Mortensen, E.L. et coll. «The association between duration of breastfeeding and adult intelligence» *JAMA*, vol. 287, n° 18, 2002.

300. Sawazaki, S. et coll. «The effect of docosahexaenoic acid on plasma catecholamine concentrations and glucose tolerance during long-lasting psychological stress: a double-blind placebo-controlled study», *J Nutr Sci Vitaminol* (Tokyo), vol. 45, n° 5, 1999.

301. Hillbrand, M. et coll. «Investigating the role of lipids in mood, aggression, and schizophrenia», *Psychiatric Services*, vol. 48, n° 7, 1997; Fugh-Berman, A. et Cott, J.M. «Dietary Supplements and Natural Products as Psychotherapeutic Agents», *Psychosomatic Medicine*, vol. 61, n° 5, 1999.

302. Muldoon, M.F. et coll. «Lowering cholesterol concentrations and mortality: a quantitative review of primary prevention trials», *BMJ*, vol. 301, n° 6747, 1990, p. 309-14; Neaton, J.D. et coll. «Serum cholesterol level and mortality findings for men screened in the Multiple Risk Factor Intervention Trial. Multiple Risk Factor Intervention Trial Research Group». *Arch Intern Med*, vol. 152, n° 7, 1992, p. 1490-500.

santé[303]. Deux ans plus tôt, un nourrisson de sept mois est décédé en Belgique parce que ses parents végans avaient choisi de le nourrir exclusivement avec du lait végétal[304]. Avec l'engouement aveugle pour le véganisme, il faut s'attendre à ce que de telles histoires d'horreur se multiplient. La plupart du temps, les dommages sont moins visibles, mais bien plus insidieux. En effet, une carence en acides gras eicosapentaénoïque et docosahexaénoïque due au véganisme causera des séquelles cognitives irréversibles au nourrisson. Hélas, ces séquelles ne laissent aucune trace dans le bilan sanguin et les parents végans invoquent ce dernier pour justifier leurs choix alimentaires.

Certains végétaliens argumentent qu'il suffit de prendre des suppléments alimentaires pour éviter les carences. C'est peut-être vrai, mais la définition d'un régime équilibré et complet n'en est-il pas justement un qui ne requiert aucun supplément? De plus, rien ne prouve que les suppléments comblent toutes les déficiences.

Les protagonistes du végétalisme accusent la viande d'être cancérigène. Il existe effectivement des études établissant un lien entre la viande rouge et le cancer, mais il s'agit à chaque fois soit de viande transformée et/ou de charcuterie bon marché avec nitrites ajoutés ou encore d'un facteur indirect, soit une faible consommation d'aliments protecteurs contre le cancer, tels les fruits et légumes souvent associés en Amérique à une alimentation riche en viande rouge[305]. Et c'est là que le

303. Voir https://www.cnn.com/2019/08/22/australia/australia-vegan-baby-intl-hnk-trnd/index.html

304. « Un bébé de 7 mois mort d'avoir été nourri avec du lait végétal », *Le Dauphiné Libéré*, 17 mai 2017, https://www.ledauphine.com/france-monde/2017/05/17/un-bebe-de-7-mois-meurt-apres-avoir-ete-nourri-avec-du-lait-vegetal.

305. Alexander, D.D. et coll. « Red Meat and Colorectal Cancer: A Quantitative Update on the State of the Epidemiologic » *Science. J Am Coll Nutr*, vol. 34, n° 6, 2015, p.521-43; Appleby, P.N. et coll. « Mortality in vegetarians and comparable nonvegetarians in the United Kingdom. », *Am J Clin Nutr*, janvier 2016, vol. 103, n° 1, p. 218-30.

bât blesse. Le mode de cuisson est également en cause ainsi que le mode d'élevage. Le bétail élevé à l'herbe dans les prés présente un meilleur ratio oméga-3/oméga-6 et ne partage pas l'aspect inflammatoire du bœuf industriel standard. Les bêtes sont aussi mieux traitées. Si la consommation de viande était contre-indiquée pour l'humain, la sélection naturelle aurait programmé ses gènes pour ne pas en apprécier le goût; or, c'est tout le contraire.

Dans la Nature, le quotient intellectuel est généralement inversement proportionnel au quotient digestif. Plus un être vivant s'approche du sommet de la pyramide alimentaire, plus il est intelligent, mais plus il a de la difficulté à digérer les aliments. Effectivement, brouter de l'herbe ne requiert pas une grande intelligence. En revanche, chasser une proie requiert de la stratégie, donc de meilleures facultés cognitives. Il est plus complexe de fabriquer des protéines animales à partir de protéines végétales et encore plus à partir d'aliments exempts de protéines. C'est pourquoi les proies qui sont végétaliennes ont un système digestif beaucoup plus sophistiqué que le nôtre. Par exemple, les ruminants ont quatre estomacs et se satisfont d'une alimentation très rudimentaire. Les prédateurs, quant à eux, requièrent plusieurs nutriments exclusivement présents dans la chair de leur proie, dont notamment les fameux acides gras oméga-3 de type AEP et ADH qui constituent la matière première de leur cerveau. Les proies ont le même besoin, mais leur système digestif synthétise ces substances à partir de l'oméga-3 de type ALA (acide linolénique alpha) que l'on retrouve dans l'herbe (et en grande concentration dans l'huile de lin). Par exemple, les poules qu'on nourrit avec des graines de lin produiront des œufs avec des teneurs élevées en oméga-3 AEP et ADH; ils sont d'ailleurs disponibles sur le marché et fort utiles aux végétariens pour combler leur carence. Bref! Le système digestif humain, n'en déplaise aux négationnistes de notre biologie, n'est pas fait pour traiter la salade afin d'en faire un aliment complet!

Le végétalisme est une nouvelle tendance alimentaire qui connaitra ses heures de gloire avant de péricliter comme les autres modes qui l'ont précédé. En effet, quand le bassin de population végane aura atteint une taille plus significative, de nouvelles études épidémiologiques procureront des données scientifiques plus fiables parce que non basées sur une cohorte non représentative de la population comme c'est actuellement le cas. En effet, toutes autres variables étant égales par ailleurs, les premiers végétaliens prenaient davantage soin de leur santé, étaient plus scolarisés, buvaient moins, et fumaient moins que la population en général. Toutefois, quand on compare des pommes avec pommes, soit par exemple des mormons et adventistes du septième jour, tous s'abstiennent d'alcool, de café et de tabac, mais les mormons sont omnivores alors que les adventistes sont végétariens et... vivent moins longtemps que les mormons[306].

Il faut donc s'attendre à ce que plusieurs problèmes de santé liés au végétalisme surgissent dans la prochaine décennie. Déjà, une étude de l'université de médecine de Graz en Autriche arrive à la conclusion que, toutes autres variables étant égales par ailleurs, les végétariens sont deux fois plus susceptibles aux allergies, aux cancers et aux troubles de l'humeur, et ont un besoin accru de soins de santé ainsi qu'une moins bonne qualité de vie[307].

Si au contraire le mouvement végétalien s'installe pour de bon, cette révolution alimentaire risque fort de produire les mêmes effets que la révolution agricole à l'époque néolithique,

306. Keith, Lierre. *Le mythe végétarien*, Éditions Pilule rouge, 2013.

307. Burkert, Nathalie T. et coll. «Nutrition and Health – The Association between Eating Behavior and Various Health Parameters: A Matched Sample Study», *PLoS ONE*, vol. 9, n° 2, 2014.

soit accommoder une plus grande population humaine, mais au sacrifice de sa santé physique et mentale. Au lieu de répéter l'histoire, *l'Homo sapiens* devrait freiner sa croissance démographique démesurée et s'alimenter à partir d'une agriculture biologique et décentralisée, en harmonie avec la nature.

Si le végétalisme avait un impact neutre sur la santé humaine, mais positif sur l'environnement ou encore le bien-être animal, alors ces deux derniers bénéfices justifieraient à eux seuls d'en faire la promotion. Toutefois, à partir du moment qu'on reconnait les dangers inhérents du végétalisme, ne serait-ce que pour la santé mentale, tous les autres arguments des végans deviennent secondaires. En effet, charité bien ordonnée commence par soi-même; le bien-être des humains doit passer avant celui des animaux, mais tant mieux si l'on peut accomplir les deux.

Non seulement le végétalisme est préjudiciable pour la santé humaine, mais en plus ses bénéfices écologiques ne font même pas l'unanimité. Selon l'historien de l'alimentation Paul Ariès, le végétalisme n'est même pas écologique[308]. Le végétalisme ne prône pas l'agriculture paysanne ou l'élevage fermier, mais le productivisme industriel incluant l'emploi d'engrais chimiques et de produits phytosanitaires, néfastes pour l'environnement. Selon ses calculs, une prairie avec ses vaches n'est pas une source de carbone; au contraire, chaque hectare absorbe annuellement une tonne de CO_2. L'élevage n'est pas non plus responsable de la crise de l'eau potable. Les végans disent qu'il faut 15000 litres d'eau pour produire un kilo de bœuf, mais ils confondent l'eau potable réellement consommée (3 %), l'eau sale qui sert à l'assainissement des installations (3 %) et l'eau de pluie qui se trouve dans la prairie (94 %).

308. Ariès, P. *Lettre ouverte aux mangeurs de viande qui souhaitent le rester sans culpabiliser*, Larousse, 2019.

Les végétaliens argumentent aussi qu'il faut entre 7 et 10 kg de céréales pour produire 1 kg de viande de bœuf; par conséquent, il vaudrait mieux que l'humain se nourrisse directement à partir de ces céréales. Or, nous l'avons vu plus tôt, l'humain, comme tout autre prédateur, ne possède pas cette faculté des animaux végétariens à synthétiser les acides gras de son cerveau à partir de végétaux. Il doit donc manger de la viande ou encore des œufs et du fromage. Même si ce n'était pas le cas, le véritable problème derrière l'argument économique des végans est que le bétail est aujourd'hui principalement nourri aux céréales. Dans l'agriculture traditionnelle, le bétail broute l'herbe des pâturages et transforme ainsi l'énergie solaire en protéines. De plus, la croissance de l'herbe absorbe le CO_2 de l'atmosphère. Ensuite, le fumier du bétail sert d'engrais pour faire pousser l'herbe des pâturages et/ou des légumes qui complètent les besoins en vitamines, minéraux et fibres de l'alimentation humaine. Finalement, les céréales biologiques ne nécessitent pas d'engrais chimiques grâce à la culture rotative de plantes spécialisées qui fixent l'azote de l'atmosphère.

Si on élimine l'élevage, il faudra remplacer le fumier par des engrais chimiques qui consomment de l'énergie fossile et qui rajoutent donc du CO_2 dans l'atmosphère, et ce, sans compter que l'herbe non broutée en absorbera moins. Déjà aujourd'hui il faut 1 litre de pétrole pour produire 16 litres de maïs. De plus, les engrais chimiques sont l'ennemi numéro un de la flore et de la faune. En effet, ils détruisent l'activité biologique des sols. Or, le sol est une matière vivante: sur trente centimètres d'épaisseur, il concentre 80 % des êtres vivants de la planète. Les vers de terre, à eux seuls, pèsent plus lourd que tous les autres animaux du monde réunis. Mais les sols abritent aussi des bactéries, des champignons et une myriade d'organismes qui se nourrissent de la matière organique. Par exemple, à cause de l'agriculture intensive, le taux de matière organique du sol européen a chuté de 65 % en cinquante ans et les populations d'oiseaux, de reptiles et de batraciens, de 90 %[309]. N'y a-t-il pas ici une contradiction flagrante dans le discours végan de vouloir protéger la faune, mais simultanément de promouvoir l'agriculture intensive qui la détruit?

Abolir l'élevage pose aussi un problème social dans les régions rurales des pays pauvres qui vivent actuellement de l'agriculture traditionnelle intégrée. En effet, les grains de la culture intensive ont été modifiés génétiquement pour ne plus se reproduire. Les fermiers sont donc désormais à la merci des géants agroalimentaires pour s'approvisionner en semences, ainsi qu'en engrais chimiques et pesticides pour les faire pousser, mais les petits fermiers n'ont pas les moyens de les acheter. Or, selon les Nations Unies, 80 % de la population mondiale est encore nourrie à partir de fermes familiales et 72 % des fermes mondiales couvrent une superficie inférieure à un hectare.

Finalement, dans certaines régions du monde, désertiques ou trop froides, le sol est trop fragile pour être labouré ou encore le climat ne permet pas la culture de plantes; dans ces cas, élever des troupeaux nourris aux herbes de pâturages vivaces demeure de loin la solution la plus écologique.

Mes détracteurs argumenteront qu'il n'est pas économiquement réaliste de nourrir toute la population des pays industrialisés à partir de l'agriculture écologique. En réalité, le calcul de la rentabilité de l'agriculture industrielle comparée à l'agriculture écologique est biaisé par un facteur artificiel qui va à l'encontre des principes de la libre économie: tant que ne sera pas instaurée une politique sérieuse de pollueur-payeur, le prix des engrais chimiques et pesticides ne reflète pas leur véritable coût social. Par conséquent, en plus des subventions

309. Voir article des agronomes français Lydia et Claude Bourguignon sur Passerelle Éco: http://www.passerelleco.info/article.php?id_article=990

directes à l'agriculture, l'agriculture industrielle bénéficie ainsi de subventions indirectes. Le véritable coût social de l'agriculture industrielle est donc hypocritement camouflé.

De plus, le géologue David Montgomery démontre, avec multiples exemples à l'appui à travers le monde, que l'agriculture biologique sans labour et avec rotation des cultures et couvert végétal peut produire des rendements égaux sinon supérieurs à l'agriculture traditionnelle, et par surcroît, sans la pollution associée à l'utilisation de pesticides et fertilisants chimiques ainsi que l'érosion des terres arables qui en découle. C'est encore plus vrai en utilisant les nouvelles techniques de gestion du bétail pour désherber naturellement les terres, les fertiliser grâce au fumier, et y incorporer un paillis de résidus de culture grâce au piétinement des bêtes. Un tel paillis a fait ses preuves pour protéger la terre contre l'érosion, augmenter significativement l'absorption des eaux de pluie (jusqu'à un facteur de 16:1) et limiter la croissance des mauvaises herbes. Malgré la dégradation de la biomasse des terres agricoles et de la forêt amazonienne due aux pratiques agricoles actuelles, le sol contient encore trois fois plus de carbone que toute l'atmosphère terrestre. Ainsi, selon mes calculs, en ramenant la teneur en carbone des terres agricoles au niveau naturel des forêts et même au-delà grâce aux techniques décrites précédemment, la biomasse du sol séquestrerait suffisamment de carbone pour que la concentration de gaz carbonique dans l'atmosphère revienne à celle de l'époque préindustrielle. Donc, même si l'agriculture représente une cause majeure du réchauffement de la planète, elle peut aussi en devenir la solution.

L'argument de la souffrance animale ne tient pas davantage la route et nie encore une fois la biologie. Je ne nie pas que l'agriculture moderne est cruelle envers les animaux d'élevage. Toutefois, le vrai problème n'est pas l'élevage comme tel, mais les conditions d'élevage qui dépendent exclusivement de facteurs économiques. Autrefois, les animaux de ferme broutaient paisiblement dans le champ et vivaient heureux contrairement à ceux des élevages industriels confinés d'aujourd'hui. Oui, le bétail finissait dans l'assiette, mais tout être vivant finit par mourir, les végans y compris. De plus, faute d'agriculture, ces animaux d'élevage n'auraient jamais eu la chance de vivre. La bête élevée industriellement ne mérite peut-être pas de voir le jour – je partage ce point de vue avec les végétariens. En revanche, le fermier qui élève bien ses poules ou ses moutons fait un échange de bons procédés; il leur fournit gîte et nourriture en échange d'œufs, de laine et éventuellement de viande. Bien sûr, la technique d'abattage doit être sans souffrance. Les pratiques halal et cachère[310] sont inutilement cruelles et n'ont plus leur place dans une société évoluée; ce sont des actes de barbarie qui devraient être prohibés au même titre que ce massacre de 250000 animaux au nom de la déesse Gadhimai au Népal en 2009[311].

Heureusement, le vent commence à tourner. Au nom de la bientraitance animale, la société française SVA a mis fin en 2022 à l'abattage sans étourdissement préalable dans ses abattoirs de Vitré (Ille-et-Vilaine) et Trémorel (Côtes-d'Armor). Souhaitons que plusieurs autres abattoirs commerciaux suivent. Mais, selon vous, qu'est-ce qui explique au départ l'engouement de plusieurs sociétés pour l'abattage rituel, dont l'une en particulier me brûle les lèvres faute de la nommer? Non pas le désir d'inclure juifs et musulmans, mais

310. Ces pratiques consistent à égorger l'animal sans l'anesthésier ni l'endormir au préalable. L'animal meurt au bout de son sang donc dans la souffrance et la terreur, ce qui est inutilement cruel. Prétendre que Dieu exige une telle cruauté tient du pur délire.

311. Lang, Q. Olivia. «Hindu Sacrifice of 250,000 Animals Begins», *Guardian*, 24 novembre 2009.

simplement le désir d'inclure plus de profits dans les états financiers en économisant le coût de l'étourdissement préalable.

Les militants végans sont contre l'élevage traditionnel ou biologique. Certains sont même carrément contre le bien-être des animaux d'élevage et ne s'en cachent pas, bien au contraire. Le militant Gary Francione[312] est l'un d'eux. Selon lui, les réformes visant à améliorer le bien-être animal sont contre-productives, car elles déculpabilisent les mangeurs de viande et maintiennent ainsi le marché. L'agenda de ce militant est limpide: la souffrance animale lui importe peu; sa seule motivation est l'aboutissement de son programme politique qui vise l'annihilation de l'industrie de la viande envers laquelle il voue une haine viscérale.

Les végétaliens sont d'avis que l'humain n'a pas le droit moral d'interrompre la vie d'un animal sans nécessité. Bien sûr, les animaux ne meurent pas paisiblement lorsqu'abattus à la chasse. Toutefois, la chasse est devenue un nécessaire outil de gestion de la faune. Par exemple, les populations humaines dans les banlieues nord-américaines ont déplacé la plupart des prédateurs naturels des cervidés (ours, loups). Alors les cerfs de Virginie se reproduisent désormais sans limites menaçant l'équilibre de leur écosystème et la santé de leur population; c'est notamment le cas dans le nord de l'Utah. Faute d'autoriser la chasse, la taille du cheptel exploserait et inévitablement une maladie infectieuse finirait par le décimer. Or, la Nature régularise tout. C'est précisément arrivé aux chevreuils en Ontario et cette épidémie de la maladie dite débilitante des cervidés, pourrait atteindre le Québec d'une année à l'autre. De plus, cette maladie s'apparente à la maladie de la vache folle et pose également un risque pour la santé humaine.

312. Gary Lawrence Francione (1954-), juriste et philosophe états-unien, défenseur des droits des animaux et théoricien du véganisme. Il est professeur à la faculté de droit de l'Université Rutgers à Newark, New Jersey.

Une situation similaire existait au parc Michel-Chartrand de la ville de Longueuil, en banlieue sud de Montréal[313]. Le ministère de la Faune y a dénombré 108 chevreuils à l'été 2022 alors que selon les biologistes, le parc ne peut en soutenir que 15 tout au plus. De plus, le rythme de croissance annuelle du cheptel dépasse 50 %. La Ville envisageait une coûteuse opération d'euthanasie, mais l'organisme Sauvetage Animal Rescue a déposé une requête judiciaire pour l'en empêcher. Le conseiller municipal Jonathan Tabarah semble maintenant plutôt résolu à suivre ma recommandation d'organiser une lucrative chasse à l'arbalète. À suivre...

Si le végétarisme est si néfaste pour la santé, pourquoi n'en parle-t-on pas davantage dans les médias? De fait, ces derniers en vantent plutôt les bienfaits. Les végétaliens empruntent une tactique politique bien populaire chez les wokes: la censure. En 2018, j'écrivais au quotidien *La Presse* en réaction à un article sur le végétalisme et les oméga-3. J'étais stupéfait que l'article en question camoufle les graves carences en oméga-3 qu'entraîne un régime végétalien. Mon article était appuyé par une vingtaine de références et j'étais l'auteur d'un best-seller sur la nutrition en 2004, donc crédible dans les circonstances. Or, mon article a été censuré et ce n'était pas la première fois.

6.3. L'entomophagie

Outre l'alimentation traditionnelle et le véganisme, il existe une troisième voie: l'entomophagie, l'élevage d'insectes à des fins de consommation humaine. Depuis la nuit des temps, l'humain

313. Provost, A-M. « Longueuil organisera des séances de chasse pour réduire sa population de cerfs », *Le Devoir*, 21 juillet 2022.

consomme des milliers d'espèces différentes d'insectes, mais cette habitude est peu répandue en Occident et répugne encore.

Aujourd'hui, des élevages industriels d'espèces comme le grillon ou le ténébrion meunier sont à la base d'aliments santé qui procurent un indice protéique supérieur à la viande rouge, mais sans le cholestérol ni les gras saturés associés. De plus, ce type d'agriculture en intérieur pollue peu ou pas l'environnement et est compatible avec l'économie circulaire et de proximité. À quantités égales de protéines produites, l'élevage d'insectes ne produit que 1 % des gaz à effet de serre de l'élevage de ruminants[314]. Il s'agit clairement d'une solution de salut pour une population terrestre sans cesse croissante.

Jusqu'à maintenant, les aliments développés évoquaient la matière première et étaient peu appétissants. Toutefois, des substituts d'aliments carnés commencent à voir le jour et sont beaucoup plus intéressants sur le plan organoleptique. Citons notamment les terrines de la société ÉcoDélys de Montréal à base de ténébrions meuniers qui simulent à s'y méprendre le goût et la texture du foie gras de canard, mais en moins cher et plus santé.

6.4. Le terrorisme alimentaire

Tel que mentionné plus tôt, le véganisme n'est pas un synonyme de végétalisme. Le véganisme est une idéologie politique totalitaire au-delà d'un simple régime alimentaire. Le véganisme a son propre code moral. Ainsi, pour certains végans, l'insémination artificielle des animaux d'élevage est

314. Oonincx, D. et coll. « An Exploration on Greenhouse Gas and Ammonia Production by Insect Species Suitable for Animal or Human Consumption », *PLoS One*, 29 décembre 2010.

l'équivalent d'un viol; en revanche, la zoophilie[315] est moralement acceptable… avec un animal consentant.

Outre le végétalisme, l'un des courants philosophiques du véganisme est l'antinatalisme. Les végans croient, comme les athées, que la vie n'a pour sens que celui qu'on lui donne, qu'elle est dépourvue de sens divin ou de vérité absolue. Toutefois, contrairement à la majorité des athées, ils pensent que la meilleure manière d'éviter la souffrance est d'éviter la procréation, et ce, autant pour les animaux d'élevage que les humains eux-mêmes. Comme leur gourou David Benatar, ils attribuent à l'existence une valeur négative. Selon lui, en donnant naissance à un enfant, on inflige à un être, sans son consentement, une quête existentielle perpétuelle, parsemée de petits plaisirs banals et de grandes tragédies, et couronnée par la mort pour seule certitude. Pour les antinatalistes, il y a quelque chose de profondément immoral dans la procréation et surtout dans l'élevage d'animaux, puisque les êtres sensibles – humains et autres – auraient intérêt à ne pas être nés[316].

Cette lugubre philosophie donne froid dans le dos. Elle justifie d'empêcher un enfant de naitre sous prétexte de lui épargner les angoisses existentialistes de la vie. C'est pourquoi plusieurs végans préconisent l'avortement systématique et la stérilisation. Comme plusieurs protagonistes de la décroissance, je préconise la régulation des naissances pour des raisons environnementales, mais, contrairement aux végans, je salue le miracle de la vie. Certains végans poussent leur délire encore plus loin et adhèrent à l'Église de l'Euthanasie[317] ou

315. Voir le texte « Heavy Petting » de Peter Singer, repéré à: https://www.utilitarian.net/singer/by/2001.htm

316. Benatar, David. *Better Never to Have Been: The Harm of Coming into Existence*, Clarendon Press, 2006.

317. Voir https://www.churchofeuthanasia.org/

encore au mouvement VHEMT (Mouvement pour l'extinction volontaire de l'humanité)[318] qui préconisent les suicides de masse afin de faire cesser la souffrance humaine. S'ils détestent autant la vie, pourquoi ne se suicident-ils pas eux-mêmes et ne laissent-ils pas les autres vivre? Ils répondent à cela qu'ils se sacrifient en ne se suicidant pas, car ils peuvent ainsi propager l'idée de réduire ou d'exterminer la race humaine. Merci pour leur bel altruisme!

Finalement, le troisième pilier philosophique du véganisme est l'antispécisme, un courant de pensée formalisé dans les années 1970, qui considère que l'espèce à laquelle appartient un animal n'est pas un critère pertinent pour décider de la manière dont on doit le traiter et de la considération morale qu'on doit lui accorder. Autrement dit, l'humain n'a pas plus de valeur qu'un ver de terre. Aussi, selon le philosophe végan Peter Singer[319], un chien en santé est plus conscient et donc plus digne de vivre qu'un bébé naissant, un grand handicapé mental ou encore un vieillard sénile! L'antispécisme n'est définitivement pas humaniste.

Selon le professeur de philosophie québécois François Doyon, l'antispécisme ne tient pas la route d'un point de vue ontologique. Voici son raisonnement:

> «Les antispécistes et les véganes disent que les humains sont des animaux comme les autres et que la domination que les humains exercent sur les animaux est injuste. Les humains devraient laisser les animaux vivre leur vie, car tous les animaux ont un intérêt égal à vivre leur vie. L'on doit éviter le plus possible de tuer des animaux pour servir nos intérêts, car la

318. Voir http://www.vhemt.org/

319. Peter Albert David Singer (1946-), philosophe antispéciste australien.

vie humaine n'a pas plus d'importance que celle des autres espèces animales. Selon eux, d'un point de vue moral, rien ne distingue l'humain des autres animaux. Toutefois, ils refusent de laisser l'animal humain vivre sa vie si sa vie consiste, comme le lion (qui a le droit de vivre sa vie en enlevant la vie à des gazelles qui ont le droit de vivre autant que lui) à manger de la viande. Ils reconnaissent que l'humain n'est pas un animal comme les autres dès le moment où ils exigent qu'il renonce à l'exploitation des animaux. C'est la contradiction spéciste des antispécistes. »

Les antispécistes ne sont pas juste contre la prédation humaine, mais contre toute forme de prédation. Ils veulent supprimer les animaux d'élevage et animaux domestiques, mais certains envisagent même d'éradiquer les animaux sauvages prédateurs ! Or, la prédation est le fondement même de la chaine alimentaire. Partir en guerre contre la prédation, c'est partir en guerre contre l'équilibre naturel sur lequel la faune repose. Depuis que les loups et les ours ont été éliminés sur l'île d'Anticosti au Québec, la population de chevreuils y a explosé. Ils y ont entièrement dévoré leur nourriture préférée, le sapin baumier, et maintenant ils crient famine. Trop faibles pour passer l'hiver, plusieurs dizaines de milliers de chevreuils y meurent chaque année. Or, les prédateurs d'autrefois ne faisaient jamais autant de victimes.

Pour plusieurs antispécistes comme Estiva Reus, la meilleure manière d'éviter aux animaux sauvages de souffrir est... de les exterminer. Pour ce faire, le militant Jacy Reese propose ni plus ni moins d'administrer des contraceptifs aux animaux sauvages[320]. Quant à Brian Tomasik, il propose de

320. *Les Cahiers antispécistes*, n° 40, www.cahiers-antispecistes.org.

détruire leur habitat naturel et la végétation, d'encourager la pêche intensive et la destruction des habitats marins, ainsi que de stériliser massivement les espèces[321]. Asher Soryl recommande de son côté de ne pas acheter de produits bio ni de lutter contre le réchauffement climatique afin de réduire l'habitabilité de la planète pour les animaux[322]. Thomas Sittler-Adamczewski appelle à soutenir le lobby prodéforestation[323]. Ça donne la nausée !

Réduire la biodiversité en exterminant des espèces animales sur la base d'un jugement moral aussi boiteux que de vouloir éliminer la souffrance constitue un crime écologique. D'ailleurs, le militant antispéciste David Olivier ne s'en cache pas. Il confirmait cette haine de l'écologie en 2015 dans le magazine *Véganes* :

> « Nous voyons l'antispécisme et l'écologisme comme largement antagonistes[324]. »

Selon mon expérience, les gens qui célèbrent la vie sont souvent épicuriens. Les gens qui mordent dans la vie mordent aussi dans la viande. Paradoxalement, les chasseurs adorent la nature et les animaux. J'ai dit « paradoxalement », mais en fait, ce n'est point un paradoxe. Le chasseur comprend et est en paix avec son rôle dans la pyramide alimentaire. Il traque sa bête, la tue et l'éviscère alors que le commun des citoyens achète hypocritement sa barquette de steak haché à l'épicerie

321. Vinding, Magnus. *The Speciesism of Leaving Nature Alone and the Theoritical Case for « Wildlife Anti-Natalism »*, Smashwords, 2016.

322. http://www.cahiers-antispecistes.org/wp-content/uploads/2018/04/5_Chap5-CA41_def.pdf

323. Sittler-Adamczewski, Thomas. « Consistent vegetarism and the suffering of wild animals », *Journal of Practical Ethics*, vol.4, n° 2, 2016.

324. *Les Cahiers antispécistes*, n° 17, www.cahiers-antispecistes.org.

en oubliant qu'une bête est morte pour le nourrir, une bête la plupart du temps élevée dans de piteuses conditions.

Autrefois, les enfants élevés sur la ferme avaient l'habitude de jouer avec leurs animaux et, un jour, finissaient par les manger, parfois avec culpabilité, mais toujours avec respect. En revanche, les végans sont souvent des intellectuels urbains déconnectés de la Nature, en déni des principes qui la gouvernent. Or, je crois que l'on peut s'alimenter sans renier sa nature intrinsèque de prédateur et tout en veillant au bien-être des animaux d'élevage.

Un régime végétalien ne convient pas à un prédateur. Et l'humain est un prédateur. Manger de la viande est réconfortant pour son cerveau reptilien. Le végétalien est en déni face à son rôle de prédateur dans la chaine alimentaire. Son esprit idéaliste est en conflit avec son corps. Le végétalien se prive du plaisir de la chère comme le monastique se prive du plaisir de la chair. Ce lien est fréquent.

On peut légitimement se demander quels sont les véritables motifs qui motivent le végan au-delà du discours par lequel il se justifie, soit des motifs que fort probablement il ignore lui-même. Le psychologue états-unien Paul Rozin a d'ailleurs mené des recherches intéressantes sur les motivations véritables des végans. Selon lui, le véganisme est devenu un nouveau vecteur de moralisation[325]. Au fond, le véganisme est un dogme qui partage beaucoup de traits avec la religion, dont notamment ce besoin de moraliser ses pairs, mais aussi le déni de sa biologie et de l'écologie ainsi qu'une certaine propension à se mortifier.

Autant nier sa nature propre ne conduit pas à la sérénité, autant les gens peu sereins ont tendance à nier leur nature

325. Rozin, P., M. Markwith, C. Stoess. «Moralization and becoming a vegetarian: The transformation of preferences into values and the recruitment of disgust» *Psychological Science*, vol. 8, n° 2, 1997, p. 67-73.

propre. Ce n'est donc pas un hasard si aujourd'hui tant de personnes en mal de vivre s'identifient au véganisme; l'essor fulgurant de cette mode témoigne de l'état de santé mentale de notre société moderne. De fait, le véganisme est devenu le nouveau visage de l'ascétisme. Cette doctrine, diamétralement opposée à l'épicurisme, est issue d'un autre bogue du cerveau humain consubstantiel à celui de la foi.

En définitive, les végans sont carrément misanthropes comme en témoigne d'ailleurs ce discours haineux de l'activiste végan Gary Yourofsky:

> «Je souhaite que des pères tirent accidentellement sur leurs fils lors de parties de chasse, pendant que les carnivores succombent lentement à des crises cardiaques. Que chaque femme emmitouflée dans la fourrure doive endurer un viol si vicieux qu'elle en soit marquée à vie. Que chaque homme couvert de fourrure se fasse sodomiser si violemment que ses organes internes en soient détruits. Que chaque cowboy et chaque matador soit encorné jusqu'à la mort, que les tortionnaires du cirque se fassent piétiner par des éléphants et lacérer par des tigres[326].»

Contrairement à la croyance populaire ou celle de ses nouveaux adeptes, le véganisme n'est pas un mouvement pacifique. Plusieurs cellules terroristes, comme l'Animal Recovery Mission[327], l'Animal Rights Militia[328], ou encore le Revolutionary Cells-Animal Liberation Brigade[329] envoient des colis piégés, contaminent volontairement des aliments, allument des

326. Voir https://fr-academic.com/dic.nsf/frwiki/1944211.
327. Voir https://www.animalrecoverymission.org/
328. Voir https://fr.wikipedia.org/wiki/Animal_Rights_Militia
329. Voir https://www.trackingterrorism.org/group/animal-liberation-brigade-rcalb

incendies criminels, et font des menaces de mort. Bien que l'ALF (Front de libération animale) ne légitime pas officiellement la violence, son ex-attaché de presse, Jerry Vlasak, incite la population à assassiner les scientifiques impliqués dans la recherche sur les animaux[330]. De plus, toutes les actions terroristes revendiquées au nom de l'ALF sont recensées sur le site Internet Bite Back[331].

D'autres végans, signataires du manifeste OOS (the Only One Solution), ne voient d'autres solutions à la souffrance dans le monde que de détruire toute vie sentiente, soit l'humanité entière ainsi que toute la faune. Leur cellule terroriste EAS (End All Suffering) préconise ouvertement sur Internet les suicides collectifs ainsi que les attentats de masse. Je cite ici textuellement leur site:

> «Notre objectif en créant le mouvement End All Suffering est de transformer ce souhait abstrait hypothétique en une idéologie et un objectif réel. Notre vision est d'établir un agenda activiste conceptuel, philosophique et concret qui ne souhaite pas passivement la fin du monde, mais cherche des moyens d'y arriver activement[332].»

Le site donne d'ailleurs des conseils techniques précis comment répandre des virus et bactéries mortels dans la population!

Il existe une autre hypothèse pour expliquer le véganisme. Dame Nature a horreur du vide, mais tout autant des espèces qui prennent trop de place. La pandémie est l'une de ses

330. Blackstock, Colin. «Blunkett bars US animal rights activist from Britain», *The Guardian*, 26 août 2004.

331. Voir http://www.directaction.info/

332. Voir http://www.onlyonesolution.net/

stratégies pour décimer une espèce trop populeuse. Nous l'avons vu récemment avec la COVID-19.

On observe également que la surpopulation d'une espèce affecte sa santé mentale, ce qui notamment perturbe ses habitudes sexuelles et la rend plus agressive au point de s'entretuer. L'éthologue John Calhoun l'a démontré dans une célèbre étude sur des rats de laboratoire[333]. Or, la surpopulation de *l'Homo sapiens* aurait-elle atteint ce seuil qui perturbe sa santé mentale au point d'adopter des comportements dangereux dont la mode du végétalisme serait l'une des manifestations?

Bref, jihadistes islamiques et végans antispécistes partagent la même névrose: puisqu'ils n'ont pas compris le sens de la vie, ils la détestent. Les acteurs sont différents, mais l'histoire reste la même. Malgré qu'ils n'aient rien compris à la vie, ils sont convaincus de détenir la Vérité et veulent l'imposer aux autres et user de force si nécessaire. Leur frustration face à la vie les rend ainsi dangereux pour autrui. Même modus operandi: on instrumentalise une bonne cause, ici l'écologie, afin de combler un sentiment d'appartenance à un groupe, de se valoriser socialement et aussi prendre plaisir à sermonner l'autre. D'ailleurs, la neurophilosophe canadienne Patricia Churchland croit que les observances religieuses autant que les restrictions alimentaires proviennent d'un trouble obsessif-compulsif[334]. Aussi ne fait-il pas s'étonner que la cyberintimidation de la part d'activistes végans soit un facteur de stress et de détresse de plus en plus important pour les éleveurs; un comité de la Chambre des communes du Canada se penche d'ailleurs sur

333. Calhoun, J. « Death Squared: The Explosive Growth and Demise of a Mouse Population », *Proceedings of the Royal Society of Medicine*, Janvier 1973.

334. Churchland, Patricia. *Conscience: The Origins of Moral Intuition*, W.W. Norton & Company inc., 2019.

des stratégies pour contrer le problème[335]. Bref, les causes changent, mais non les humains. On a brûlé des sorcières au nom du Dieu; on brûlera bientôt des chasseurs et des éleveurs de bœufs. Telle est la nature de l'humain.

6.5. La banalisation de l'obésité

L'obésité est une maladie chronique qui consiste en une accumulation excessive de graisse corporelle qui entraîne des inconvénients pour la santé et réduit l'espérance de vie. Cette maladie constitue un handicap physique, parfois même social.

L'obésité provient généralement de l'une ou plusieurs des causes suivantes:

- La pauvreté
- L'ignorance
- La génétique
- La sédentarité
- Le trouble psychologique.

Au Moyen Âge, en Occident, l'obésité était synonyme d'opulence donc socialement valorisée. En effet, à une époque où bien manger était un luxe, l'embonpoint impliquait forcément une certaine aisance financière. En revanche, l'obésité n'est plus sexy aujourd'hui. Et au-delà des considérations esthétiques, l'obésité n'est pas santé.

L'industrialisation agroalimentaire a fait en sorte que la quantité de calories ne manque plus; en revanche, c'est la qualité des calories qui fait désormais défaut. Hélas, un budget précaire ne permet pas une alimentation équilibrée composée de fruits, légumes et viandes biologiques. Un

335. Blais, Stéphane. « Des agriculteurs se disent cyberintimidés par des activistes véganes » *Le Devoir* (*La Presse canadienne*), 5 août 2019.

faible budget donne plutôt accès à des aliments transformés et/ou féculents à index glycémique élevé et contenant des gras trans (huiles végétales hydrogénées/modifiées) soit les deux facteurs alimentaires les plus dommageables pour la santé. On retrouve parmi ces aliments: pâtes alimentaires, couscous, céréales transformées (genre Corn Flakes, Spécial K, etc.), frites et autres aliments frits, pain industriel, saucisses industrielles, charcuteries bourrées de nitrites, tofu à base de soya transgénique, steak haché à base de glu rose[336], sirop de maïs, viande bourrée d'hormones de croissance, sodas… bref le menu quotidien de l'États-Unien moyen. Or, ces aliments nocifs conduisent tout droit vers l'obésité.

Il arrive aussi que le problème ne soit pas le budget, mais le manque d'éducation. De nombreux citoyens, surtout anglo-saxons, consomment de la malbouffe parce que c'est dans leur héritage culturel. Leurs parents, eux-mêmes consommateurs de malbouffe, n'ont pas su éduquer leur palais.

Souvent, même le consommateur est bien intentionné, mais fait de mauvais choix par ignorance et l'industrie agroalimentaire exploite à fond cette ignorance. Un bel exemple est la mention «tout végétal» sur le pot de graisse Crisco. Cette mention est synonyme de santé pour bien des consommateurs mal informés dans les faits, la graisse végétale n'existe pas à la température de la pièce sauf quelques rares exceptions (coco et cacao). Donc, «tout végétal» est ici synonyme de «hydrogénée» autrement dit «gras trans». Or, les gras trans tuent annuellement plus de gens en Amérique que le tabagisme. Autrement dit, utiliser du beurre ou du saindoux (gras de porc) pour faire vos tartes est bien moins dommageable pour la santé que les huiles végétales hydrogénées.

336. Wikipédia: https://fr.wikipedia.org/wiki/Pink_slime

Une autre erreur classique, mais moins grave, consiste à choisir un yogourt ou une crème glacée faible en gras. Ici, « faible en gras » est synonyme de « riche en sucre ». Or, à calories égales, les aliments gras font moins engraisser que ceux sucrés.

La génétique peut jouer un rôle également. En effet, les aliments modernes contiennent beaucoup plus de glucides qu'à l'époque paléolithique et présentent des index glycémiques beaucoup plus élevés. Or, certains peuples ont été exposés tardivement à ces aliments modernes et leur génétique n'a pas su s'adapter. Ils développent alors du diabète de type 2 et de l'obésité.

Les Indiens Pima en sont un bon exemple. Ils descendent des paléo-Indiens qui ont immigré en Amérique durant la première ère de glace. Leur population est actuellement divisée entre l'Arizona et une région éloignée de la chaine de montagnes Sierra Madre au Mexique. Les premiers vivent à l'américaine et donc mangent de la malbouffe. Les seconds vivent en montagne, sont plus actifs physiquement et mangent de la nourriture plus traditionnelle. Les deux populations présentent une génétique similaire dont une forte susceptibilité au diabète de type 2. Pourtant, les Indiens vivant en montagne présentent une prévalence de diabète de type 2 de 5,6 % chez les hommes et de 8,5 % chez les femmes, alors que ceux vivant en Arizona présentent une prévalence de 34,2 % chez les hommes et de 40,8 % chez les femmes.

Nous observons un phénomène similaire au Canada. Les populations autochtones, surtout les Inuits, réagissent très mal au sucre et présentent donc une grande prévalence de diabète et d'obésité.

La sédentarité favorise également l'embonpoint. Le besoin d'activité physique est très variable d'un individu à l'autre, mais lorsqu'il n'est pas comblé, les tissus adipeux du corps accumulent des quantités excédentaires de gras, toutes autres variables étant égales par ailleurs.

Finalement, le dernier facteur responsable de l'obésité mais non le moindre, est le trouble psychologique. La boulimie est un désordre alimentaire au même titre que l'anorexie. Manger compulsivement devient chez certaines personnes une façon de gérer les émotions. Ces personnes ont besoin de support psychologique.

L'obésité engendre une panoplie de problèmes de santé: diabète, hypertension, cardiopathie, artériosclérose, accident vasculaire cérébral, arthrose, thrombose, cancer, dépression et même sénilité précoce; ces problèmes de santé diminuent la longévité tout comme la qualité de vie. Au cours de la décennie 2010-2019, le surpoids a représenté le facteur de risque responsable de la plus forte hausse de la mortalité causée par le cancer, avec une hausse de 35 % des décès qui sont attribuables à l'obésité[337]. De plus, nous l'avons vu récemment avec la COVID-19, le taux de mortalité dû aux infections virales est beaucoup plus élevé chez les personnes obèses.

Hélas, les dommages causés par l'obésité ne se limitent pas à la santé physique. Une récente étude[338] menée sur 10000 patients pendant une décennie démontre que tirer plus de 20 % de ses calories quotidiennes d'aliments transformés (comme la malbouffe) entraîne un taux de déclin cognitif global plus rapide de 28 %. La consommation de malbouffe,

337. GBD 2019 Cancer Risk Factors Collaborators, « The global burden of cancer attributable to risk factors, 2010–19: a systematic analysis for the Global Burden of Disease Study 2019 », *The Lancet*, vol. 400, nº 10352, P563-591, 20 août 2022, https://www.thelancet.com/journals/lancet/article/PIIS0140-6736(22)01438-6/fulltext.

338. Gonçalves, N. « Consumption of ultra-processed foods and cognitive decline in the ELSA-Brasil study: a prospective study », *Alzheimer's Association International Conference*, San Diego Convention Center, 1er août 2022, https://alz.confex.com/alz/2022/meetingapp.cgi/Paper/63301.

intimement liée à l'obésité, contribue donc à l'abrutissement de l'espèce humaine.

Non seulement, l'obésité coûte une fortune au système de santé mais en plus, elle n'est pas écologique. Manger trop implique forcément une empreinte de carbone plus importante. Si les habitants des autres pays avaient en moyenne le même indice de masse corporelle que les États-Unis, l'impact écologique serait équivalent à un milliard d'humains de plus sur la planète[339]. Autrement dit, non seulement la surpopulation humaine n'est pas écologique, mais l'obésité l'est encore moins.

Le développement de l'obésité constitue, aux yeux de certains spécialistes, l'un des signes de décadence d'une société. Ce thème est notamment développé par l'historien britannique Niall Ferguson[340] qui se réfère aux conclusions classiques de l'historien britannique Edward Gibbon sur la décadence physique des citoyens à la fin de l'Empire romain.

Personne ne nait obèse, mais le devient. Il est donc de la responsabilité de tout un chacun de maintenir sa ligne. C'est une marque de respect envers soi-même et envers la collectivité surtout quand le système de santé est public.

Or, l'idéologie woke prétend que l'obésité est un choix de vie légitime au même titre que le genre ou l'orientation sexuelle. Par conséquent, il devient discriminatoire de faire des reproches aux personnes obèses. Le mouvement woke a même développé un autre mot dans la même lignée que l'islamophobie et la transphobie afin d'ostraciser socialement les individus qui oseraient dénoncer les conséquences de l'obésité : la *grossophobie*.

339. Walpole, Sarah Catherine et coll. « The Weight of Nations: An Estimation of Adult Human Biomass », *BMC Public Health*, vol.12, 439, 2012.

340. Ferguson, N., « Empire Falls », *Vanityfair*, octobre 2006.

Par ailleurs, des entreprises tentent de surfer commercialement sur le mal-être des gens obèses au même titre qu'on le fait déjà depuis longtemps pour inciter à la consommation. En février 2021, la revue britannique *Cosmopolitain* affiche en page couverture une femme obèse et écrit «this is healthy»[341]. Donc, on ment outrageusement dans le but trivial de charmer une clientèle complexée pour augmenter les ventes du magazine. La femme obèse y affiche un large sourire laissant sous-entendre que l'obésité n'entrave en rien le bonheur.

C'est carrément indécent. Des poursuites judiciaires devraient être intentées contre des entreprises qui s'enrichissent ainsi en désinformant leurs lecteurs au péril de leur santé. Mais aucun procureur n'osera condamner un tel mercantilisme immoral par crainte de voir sa carrière entachée par une accusation de grossophobie.

En tous les cas, la banalisation de l'obésité porte ses fruits: chez les jeunes âgés de 18 à 25 ans, le taux d'obésité est passé de 6,2 % en 1976 à 32,7 % en 2018[342].

Depuis 2006, la Cour de justice de l'Union européenne a redéfini l'obésité de *maladie chronique* à *handicap*. Ainsi, étant désormais considérée comme un handicap, l'obésité ne peut plus être un facteur de discrimination, notamment à l'embauche. Je n'éprouve aucun souci à embaucher une personne obèse pour gérer la tenue de livres d'une entreprise, mais le gros bon sens suggère que leur discrimination est justifiée pour plusieurs métiers, notamment celui de pompier. Imaginez-vous une personne obèse qui doit monter prestement une échelle abrupte afin de maitriser un incendie qui fait rage? Imaginez-vous un policier obèse qui doit maitriser

341. Traduction française: C'est santé.

342. Ellison-Barnes, A. et coll. «Trends in Obesity Prevalence Among Adults Aged 18 Through 25 Years, 1976-2018», *JAMA*. 2021;326(20):2073-2074, novembre 2021, https://jamanetwork.com/journals/jama/fullarticle/2786516

physiquement un costaud criminel ? Imaginez-vous un professeur d'éducation physique obèse qui doit enseigner le football à ses élèves ? La plus grande victime de l'idéologie woke est le gros bon sens.

À mon sens, les personnes obèses devraient être détectées à l'école et prises en charge par cette dernière. Pour ce faire, un(e) nutritionniste de service devrait être assigné(e) à chaque école. D'une part, l'obésité (tout comme l'anorexie) peut servir de marqueur symptomatique pour identifier les jeunes qui ont besoin de support psychologique. D'autre part, une intervention hâtive prévient la prolifération des cellules adipeuses qui rend ardue la gestion pondérale rendu à l'âge adulte.

Dans le même esprit que la taxe sur le carbone, une taxe sur la malbouffe devrait être instituée afin que le coût d'un aliment reflète son coût social, notamment le coût des soins de santé qu'entraîne le traitement des maladies qu'il induit. Une telle taxe pourrait être basée sur l'index glycémique et/ou la présence de certains ingrédients néfastes (huiles végétales hydrogénées, édulcorants, colorants de synthèse, glutamate monosodique et certains autres exhausteurs de goût, nitrites et certains autres conservateurs). À partir du moment qu'une livre de beurre coûtera moins cher qu'une livre de margarine bourrée de gras trans, les gens n'achèteront plus cette dernière. Idem pour le sirop d'érable à base d'essence artificielle. Quand le Coca-cola coûtera aussi plus cher que le jus de tomate, on finira peut-être enfin par abandonner ce poison une fois pour toutes. Évidemment, par équité sociale, il faudrait qu'une partie de cette taxe sur la malbouffe serve à bonifier les prestations d'assistance sociale, car les personnes les plus démunies n'arriveraient plus à se nourrir.

Faute d'éduquer la population, ce qui est toujours une entreprise onéreuse et incertaine, une taxe sur la malbouffe aurait un impact majeur et immédiat sur la santé publique.

Dans la même lignée, les producteurs d'aliments biologiques devraient bénéficier de crédits d'impôt afin de favoriser une offre alimentaire plus saine.

Mais quel politicien aura le courage de tenir tête aux géants de l'industrie agroalimentaire afin de donner suite à ces projets?

Guerre en Ukraine 2022

CONCLUSION

L'*Homo sapiens* est certes l'animal le plus intelligent (du moins sur notre planète), mais cela n'en fait pas pour autant le plus sain d'esprit. En effet, il ne faut pas confondre les deux concepts. Certains personnages dotés d'une intelligence prodigieuse se sont avérés les pires criminels de l'Histoire. En revanche, de petits paysans anonymes ont vécu une vie paisible et atteint un niveau de sérénité que bien des hommes d'État ont envié.

De la même manière, le chevreuil qui broute paisiblement dans la forêt canadienne n'est pas très futé; mais il est psychologiquement plus stable que la plupart des humains. Vous ne verrez jamais un chevreuil queer ou trans. Vous me répondrez avec exaspération qu'il est bien normal de ne pas retrouver un tel comportement chez une espèce aussi peu évoluée que le cervidé. Pardonnez-moi, mais changer de sexe en ingérant des hormones nocives et en mutilant ses organes sexuels ne correspond pas à mes yeux à la quintessence de l'évolution biologique.

À l'ère paléolithique, l'humain était chasseur-cueilleur et vivait en tribu d'une centaine de membres. Puis la révolution agricole marqua le début de l'ère néolithique il y a 12000 ans. Dès lors, les humains sont devenus sédentaires, leurs tâches se sont spécialisées, et ils se sont organisés en sociétés de plus en plus complexes. L'écriture s'est ensuite développée. L'enseignement et différents métiers ont vu le jour. Puis en 2500 avant Jésus-Christ, la monnaie est apparue et conséquemment l'économie moderne. Pour la première fois, la synergie humaine dépassait le simple cadre tribal et s'étendait à l'ensemble de l'espèce. Nul autre mammifère n'a réussi à exploiter ce puissant levier social qu'est la monnaie. La population humaine a d'ailleurs explosé.

La génétique de l'humain a peu évolué depuis le début de l'ère néolithique; 12000 années passent en un claquement de doigts sur l'échelle du temps de l'évolution génétique. En revanche, l'environnement social de l'humain s'est complètement métamorphosé. Toutefois, la sélection naturelle a optimisé la génétique humaine en fonction de l'environnement qui prévalait à l'ère paléolithique et non à l'ère néolithique; et encore moins en fonction de l'environnement social actuel. Aussi ne faut-il pas s'étonner que l'humain d'aujourd'hui soit si mentalement perturbé: pour résumer grossièrement, les militants de gauche souffrent de névrose et ceux de droite, de psychose.

On aurait pu s'attendre à ce que l'amélioration des conditions matérielles de vie à travers les siècles contribue généralement à améliorer la sérénité humaine, mais c'est tout le contraire qui s'est produit. Un tiers de la population occidentale a souffert ou souffrira de dépression,[343] et selon le *World Health Organization* cette maladie occupera la tête du palmarès de toutes les maladies en 2030. La consommation d'antidépresseurs a déjà bondi de 65 % aux États-Unis au cours des 15 dernières années[344]. Au Royaume-Uni, le nombre d'élèves médicamentés au méthylphénidate (Ritalin, Concerta...) est passé de 92000 en 1997 à 786000 en 2012[345]. La surpopulation humaine a-t-elle déjà atteint ce seuil critique qui affecte

343. Bandelow, Borwin, Sophie Michaelis. « Epidemiology of anxiety disorders in the 21st century », *Dialogues Clinical Neurosciences*, 2015.

344. Source: Ami Baxi, M.D., director, in patient psychiatry, Lenox Hill Hospital, New York City; Seth A. Mandel, chairman of psychiatry, Northwell Health's Huntington Hospital, Huntington, N.Y.; U.S. Centers for Disease Control and Prevention's National Center for Health Statistics NCHS Data Brief, 2017.

345. Harris, Sarah. « Number of Children Given Drugs for ADHD Up Ninefold with Patients as Young as Three Being Prescribed Ritalin », *Daily Mail*, 28 juin 2013.

la santé mentale, découvert par l'éthologue Calhoun en 1973 que je citais au dernier chapitre?

Le succès à l'occidental ne semble pas procurer le bonheur. Au Pérou, au Guatemala, aux Philippines, et en Albanie, des pays pauvres et instables politiquement, le taux de suicide annuel est 1 pour 100000 habitants. En revanche, en Suisse, en France, au Japon, et en Nouvelle-Zélande, des pays riches et sécuritaires, ce taux s'élève à 25 pour 100000 habitants. En 1985, la vie en Corée du Sud était misérable alors qu'aujourd'hui le pays est une puissance économique mondiale, le régime politique est stable et démocratique, et ses habitants sont parmi les mieux éduqués au monde; au cours de cette période, le taux de suicide est pourtant passé de 9 à 30 pour 100000 habitants[346].

La science et les technologies évoluent depuis des millénaires, mais ont connu une progression particulièrement fulgurante au cours du dernier siècle. Le volume de données stockées a littéralement explosé. Dans les années 1980, le volume de données se mesurait en kilo-octets, puis dans les années 1990 en méga-octets, au début du siècle en giga-octets et maintenant il se mesure en zetta-octets (10 puissance 21 octets).

Au XVIe siècle, un seul humain très intelligent pouvait maitriser l'essentiel du savoir de l'humanité. C'était d'ailleurs le cas de Léonard de Vinci qui était à la fois scientifique, ingénieur, inventeur, anatomiste, sculpteur, peintre, architecte, urbaniste, botaniste, musicien, philosophe et écrivain. Aujourd'hui, un seul humain peine à maitriser l'essentiel du savoir dans son seul domaine de spécialité.

Il faut bien comprendre que c'est l'humanité et non l'humain qui a évolué depuis. De fait, les capacités cérébrales de l'humain ont même régressé. L'*Homme de Cro-Magnon* était

346. «Mental Health: Age Standardized Suicide Rates (per 100,000 population)», *World Health Organization*, 2012.

en moyenne plus intelligent que l'humain d'aujourd'hui; non seulement son cerveau était plus gros, mais en plus, la lutte pour la survie était à l'époque sans pitié pour les faibles QI alors qu'aujourd'hui la société les prend en charge[347].

Les religions monothéistes, principalement le christianisme puis l'islam ont artificiellement contribué à l'abrutissement de l'être humain en éliminant les hérétiques et les apostats, soit les gens les plus brillants qui n'adhéraient pas à leur foi absurde et qui représentaient une menace politique pour leur pouvoir. Hélas, notre société contemporaine a pris le relais des religions en ostracisant les citoyens qui osent déroger à la pensée unique.

Comme nous l'avons vu aussi au chapitre 3, les intégristes religieux sont ceux qui se reproduisent le plus. Ils sont déjà moins intelligents au départ et en plus, ils se reproduisant entre eux, et développent ainsi des tares dues à la consanguinité. Cela augure bien mal pour l'avenir du QI moyen sur la planète.

Trois autres phénomènes pas très politiquement corrects contribuent au recul génétique de l'être humain. D'abord, l'acharnement thérapeutique permet aux plus faibles de survivre et ainsi de se reproduire, affaiblissant du coup le pool génétique.

Ensuite, la richesse n'est pas garante d'intelligence, mais il existe néanmoins une corrélation entre les deux variables, toutes autres variables étant égales par ailleurs. Les gens plus

347. Ruff, Christopher B., Erik Trinkaus, et Trenton W. Holliday. «Body Mass and Encephalization in Pleistocene Homo», *Nature,* vol. 387, n° 6629, 1997; Henneberg, Maciej, Maryna Steyn. «Trends in Cranial Capacity and Cranial Index in Subsaharan Africa During the Holocene», *American Journal of Human Biology* vol. 5, n° 4, 1993; Bailey, Drew H., David C. Geary. «Hominid Brain Evolution: «Testing Climatic, Ecological, and Social Competition Models», *Human Nature,* vol. 20, n° 1, 2009; Wescott, Daniel J., Richard L. Jantz. «Assessing Craniofacial Secular Change in American Blacks and Whites Using Geometric Morphometry»; Slice, Dennis E. «Modern Morphometrics in Physical Anthropology» dans *Developments in Primatology: Progress and Prospects,* Kluwer Academic/Plenum Publishers, 2005.

fortunés travaillent souvent davantage et conséquemment ont moins de temps pour élever une famille. Par ailleurs, pour certains intégristes religieux et assistés sociaux dans les pays occidentaux, engendrer plusieurs enfants est devenu une façon de toucher suffisamment de prestations sociales pour vivre sans travailler. Encore une fois, ce ne sont pas les plus futés qui se reproduisent ici.

Finalement, la monogamie stricte diminue aussi l'efficacité de la sélection naturelle. Comme nous l'avons vu plus tôt, avec la faible diversité de l'ADN du chromosome Y, les chances de transmission des gènes sont très variables d'un mâle à l'autre dans la Nature alors qu'elles sont relativement uniformes d'une femelle à l'autre. Il en est ainsi puisque l'écart-type d'intelligence est beaucoup plus élevé chez les hommes que chez les femmes (voir références scientifiques au chapitre 5). La Nature a donc prévu que les mâles dominants se reproduisent davantage, accélérant du coup l'évolution du pool génétique. La monogamie a l'avantage politique de réduire la compétition entre mâles et conséquemment la violence qui en découle; en revanche, on comprendra pourquoi elle diminue aussi l'efficacité de la sélection naturelle. Toutefois, aujourd'hui, la prohibition de la polygamie est inconsciemment contournée par les mariages successifs de certains hommes.

Bref, la quantité d'informations à traiter augmente alors que le QI moyen baisse dans les pays occidentaux[348]. Cependant, aujourd'hui, Internet expose quotidiennement l'humain à des quantités phénoménales d'informations. Ces dernières comprennent essentiellement des données utiles, mais aussi des informations fausses, ineptes et/ou frauduleuses. Or, l'intellectuel américain Noam Chomsky affirme dans son livre

348. Bratsberg, B., Rogeberg, O. « Flynn effect and its reversal are both environmentally caused », *Proceedings of the National Academy of Sciences of the United States of America*, vol. 115,26 (2018) : 6674-6678.

Manufacturing Consent, The Political Economy of the Mass Media que le citoyen lambda n'est pas apte intellectuellement à distinguer sur Internet les informations fondées des informations mal fondées. Une chose est certaine, aucun humain n'a la capacité intellectuelle de tout absorber; mais ce n'est pas nécessaire non plus. La plupart des humains au cours des siècles passés étaient moins instruits qu'aujourd'hui, mais ont pu malgré tout mener une vie équilibrée et épanouie.

En fait, il ne suffit pas de tout savoir, mais d'être exposé à différentes idées afin de se forger une opinion représentative de la réalité qui nous entoure. Or, c'est là que le bât blesse.

D'une part, la plupart des gens d'aujourd'hui ignorent les enseignements des grands philosophes de l'Histoire, parfois même leur existence. De fait, la majorité des gens aujourd'hui ne lisent plus et même, éprouvent de la difficulté à lire[349].

D'autre part, les algorithmes mercantiles qui gouvernent les réseaux sociaux ne favorisent pas cet équilibre; au contraire, ils polarisent les opinions des citoyens. En effet, la plupart des publicités numériques sont rémunérées au nombre de clics; or, les gens sont naturellement attirés par des idées qui les confortent et non qui les confrontent. Les réseaux sociaux ont donc tendance à nous présenter des informations qui confortent nos biais cognitifs et ainsi à les amplifier. Par conséquent, l'opinion populaire est plus dispersée que jamais sur un spectre idéologique de la gauche woke à la droite religieuse où le niveau d'abrutissement est directement proportionnel à l'écart-type.

L'Occident est passé de la discrimination des minorités visibles à la discrimination des Blancs, de l'homophobie au délire de l'identité de genre. L'équilibre et le gros bon sens font cruellement défaut aujourd'hui. Le pendule social passe

349. Kernan, Alvin. *The Death of Literature*, Yale University Press, 1992.

toujours d'un extrême à l'autre et semble incapable de s'immobiliser au milieu.

De plus, les dérives de la gauche alimentent la droite, et vice-versa. Par exemple, les dérives de l'idéologie de genre motivent les musulmans à conserver leurs pratiques misogynes, dont le port du hijab. En effet, au milieu du siècle dernier, la femme occidentale était un modèle pour les femmes dans les pays arabes, mais c'est de moins en moins le cas. On observe un phénomène similaire en Occident où une partie de la classe moyenne se laisse de plus en plus courtisée par l'extrême droite, et ce, en réaction au dérapage de l'idéologie woke. Hélas, le centre de l'échiquier politique est de plus en plus déserté.

Pour imager le tout, l'humanité conduit un bolide sur l'autoroute du savoir et le capitalisme appuie à fond sur l'accélérateur. Plus la vitesse augmente, plus l'humanité peine à garder le bolide au centre de la chaussée. Un coup de volant à gauche ou à droite et l'humanité finira dans le champ. Un coup de frein (démographique) serait souhaitable.

Autrement dit, si l'extrême gauche ou l'extrême droite s'empare du pouvoir politique à l'échelle planétaire, ce sera la catastrophe. Toutefois, les raisons qui feront péricliter notre civilisation seront différentes selon l'idéologie politique qui l'emporte.

Si la droite l'emporte, les chances sont que l'humanité périra d'une catastrophe environnementale à la suite d'une croissance démographique incontrôlée combinée à une insuffisance de mesures pour limiter les changements climatiques et la pollution en général.

Faute d'atteindre notre objectif global de zéro émission de GES en 2050, la planète dépassera un point de bascule irréversible et l'humanité connaitra l'apocalypse d'ici la fin du siècle. Les dirigeants d'extrême droite étant par nature belliqueux, notre civilisation pourrait tout aussi bien périr encore plus tôt des radiations d'une guerre nucléaire.

Si la gauche l'emporte, la décadence sera plus insidieuse: l'Occident entrera dans l'ère du post-modernisme, un nouveau paradigme de pensée dont découlent toutes les mouvances qualifiées de «wokes» et «intersectionnelles». Exit l'esprit rationnel, cartésien et calculateur, qui a mené l'Occident à son triomphe technique et scientifique actuel. La quête d'une vérité absolue et universelle qui symbolisait le modernisme est désormais remplacée par le culte du subjectivisme. Désormais, toutes les opinions se valent. Deux et deux égalent trois chez certains, cinq chez d'autres. Ceux qui tenteront de les convaincre qu'ils ont tort feront face aux foudres de l'inquisition woke et en payeront le prix social.

Pour ménager la susceptibilité des cancres, le mérite et la performance ne seront même plus valorisés, la sélection naturelle n'opérera donc plus et l'être humain s'abrutira encore davantage. L'intelligence collective continuera d'évoluer, mais l'intelligence individuelle régressera. Cette ère a d'ailleurs déjà commencé. Alors que nos grands-parents étaient polyvalents et bons à tout faire, la plupart des universitaires aujourd'hui ignorent comment réparer un tuyau de plomberie ou raccorder un interrupteur électrique. Nos universitaires sont peut-être plus compétents dans leur domaine de spécialité, mais ont perdu leur polyvalence.

Notre future société ressemblera de plus en plus à un animal qui est intelligent mais dont chacune des cellules qui le composent ne l'est pas. Dans l'histoire de l'évolution, les êtres pluricellulaires ont succédé aux êtres unicellulaires. La suite est peut-être que les humains deviendront éventuellement les bêtes cellules qui composeront l'organisme plus complexe qu'est la société. C'est ce que certains appellent le transhumanisme.

Peut-être aussi que l'un des complots antispécistes pour exterminer l'humanité fonctionnera.

Afin d'éviter un dérapage à gauche comme à droite, il devient impérieux de rénover notre démocratie. Alors que les réseaux sociaux ont métamorphosé nos rapports sociaux, nous votons encore sur des petits bouts de papier; il devient impératif de moderniser aussi le système électoral. Comme je le faisais valoir en 2021 dans un article coécrit avec Andréa Richard dans le *Nouvelliste*[350], l'électeur moyen ne saisit plus la complexité des enjeux technologiques et économiques modernes; il n'est donc pas qualifié pour choisir le candidat qui gouvernera. Par conséquent, il faut revoir notre mode de scrutin électoral. Est-il justifiable d'accorder un droit de vote égal à tout citoyen majeur, qu'il soit déficient intellectuel, analphabète, psychotique ou criminel invétéré? Sans aller jusqu'à pondérer les votes en fonction de la scolarité, du revenu annuel, ou de la popularité sociale, une démocratie 2.0 ne pourrait-elle pas minimalement utiliser la technologie informatique moderne pour qualifier brièvement les capacités cognitives de l'électeur au moment de voter? Ceux qui m'accuseront ici d'eugénisme sont pourtant les mêmes qui déploraient l'élection de Donald Trump en 2016.

Aussi il m'apparaît archaïque de reproduire le modèle tribal du paléolithique en plaçant un seul chef à la tête d'un État, qu'on l'appelle président ou premier ministre. Personne n'est à l'abri de la maladie mentale et avec l'arme nucléaire, un seul dérapage peut sonner le glas de l'humanité. Même la République romaine avait reconnu cette problématique bien avant l'ère atomique en créant la notion de triumvirat[351]. Les décisions

350. Gagnon, R., Richard, A. «Vivement une démocratie 2.0», *Le Nouvelliste*, 4 septembre 2021.

351. Le premier triumvirat, qui réunit Jules César, Gnaeus Pompeius Magnus et Marcus Licinius Crassus en 60 av. J.-C.; puis renouvelé en 57 av. J.-C. Et le second triumvirat, qui réunit Octave, Marc Antoine et Lépide en 43 av. J.-C.

étaient ainsi prises par au moins deux individus sur trois, ce qui réduisait substantiellement les risques de dérapage. Il va sans dire que le concept de monarchie en 2022 est d'autant plus vétuste. Profitons donc du décès de la reine Elizabeth II pour affranchir le Canada de cet héritage archaïque, d'autant plus que le nouveau monarque n'est pas *le pogo le plus décongelé de la boîte* comme dirait Manon[352]; en effet, Charles III fait la promotion de l'homéopathie depuis quatre décennies[353]!

À la lumière des défis environnementaux qui nous attendent, il faudra aussi revoir la notion de souveraineté territoriale. Autrefois, l'impact délétère de la pollution était local. Aujourd'hui, l'impact des GES est planétaire, qu'importe leur pays d'origine. Chaque pays aura désormais des comptes à rendre aux autres.

Il devient aussi impérieux de laisser plus de place à la science dans la gouvernance de notre société. Les militants d'extrême gauche sont des ennemis de la science tout comme ceux d'extrême droite. Heureusement, la communauté scientifique ne prend pas au sérieux la droite avec son créationnisme et son arche de Noé. Hélas, elle prend au sérieux la gauche avec sa théorie critique de la race et son idéologie du genre. Non seulement les militants wokes utilisent leurs titres académiques pour donner une fausse crédibilité scientifique à leurs frauduleuses théories, mais en plus, ils réduisent au silence leurs ennemis politiques avec des méthodes dignes du bolchévisme. Dans ce sens, l'idéologie woke est à l'heure actuelle la plus grande menace pour la science.

De plus, obnubilés par leur sentiment de supériorité morale, les wokes ne se rendent même pas compte qu'ils sont en train

352. Expression loufoque de Manon Massé, députée du parti Québec Solidaire.

353. Ernst, E., « King Charles Is a Passionate Supporter of Fake Science », *Daily Beast*, 14 septembre 2022, https://www.thedailybeast.com/king-charles-is-a-passionate-supporter-of-fake-science?ref=home&utm_source=web_push

d'anéantir les acquis de décennies de lutte contre le racisme, la misogynie et l'homophobie.

Je désire maintenant terminer cette conclusion en proposant des solutions concrètes pour chacune des problématiques que j'ai abordées, chapitre par chapitre. À relire avant chaque élection!

1. L'État et l'école doivent être rigoureusement laïques. Il faut interdire aux représentants de l'État et enseignants de pratiquer toute forme directe ou indirecte de prosélytisme. En aucun cas, la liberté de conscience ne doit servir de prétexte pour justifier un discours ou des actes misogynes, homophobes ou autrement discriminatoires. Le droit à l'avortement pour une femme doit être enchâssé dans la constitution. Les abattages halal et casher devraient être interdit, car inutilement cruel. De plus, il faudrait imposer des tarifs douaniers pour tout bien importé d'un pays qui impose une religion à ses citoyens, ainsi que de tout pays où la charia est en vigueur, où la femme doit se voiler et où l'homosexualité est proscrite et ensuite reverser les fonds ainsi recueillis aux organismes qui défendent la liberté dans ces pays.
2. Le conspirationnisme doit être reconnu comme maladie mentale. Du support psychologique doit être proposé aux gens qui en présentent les symptômes. L'État doit éduquer la population sur le sujet. Parfois, les leaders d'opinion conspirationnistes ne souffrent pas eux-mêmes de psychose, mais exploitent celle de leurs membres à des fins politiques ou mercantiles. Dans un cas comme dans l'autre, Facebook, Twitter et Google doivent continuer de bloquer les colporteurs de *fake news* comme ils l'ont fait notamment avec Trump en 2021. Le système de justice doit également

continuer à sévir comme l'a fait en 2022 un jury texan en condamnant Alex Jones à verser 50 M$ en dommages punitifs pour avoir prétendu sur Internet que les fusillades dans les écoles américaines étaient un canular orchestré par le gouvernement pour renforcer les lois sur les armes à feu.

3. Au chapitre 3, je nomme plusieurs actions concrètes à entreprendre. Toutefois, en haussant la taxe sur le carbone au niveau adéquat, la main invisible de l'économie se chargera du reste, sans autre intervention de l'État. À terme, l'objectif est que tout produit de consommation devienne carboneutre. Par ailleurs, afin de limiter l'expansion démographique, les aides financières à la natalité devraient prendre la forme de crédits d'impôt au lieu de subventions, et par surcroît, devraient être limitées aux deux premiers enfants par couple (ou un enfant par individu).
4. Il faut cesser toute pratique discriminatoire basée sur la race, qu'elle soit positive ou non, et éliminer les quotas en fonction de la race; la compétence et le mérite doivent demeurer les seuls critères objectifs de sélection. La meilleure manière de combattre le racisme est d'éliminer le critère ethnique. Il faut mettre fin à tout autodafé et toute forme de censure. Il doit être librement permis d'utiliser publiquement des mots comme *nègre* ou *sauvage* dans un contexte respectueux. La définition d'un pays est l'ensemble des valeurs que ses citoyens partagent et ce, qu'importent leurs différences raciales ou religieuses.
5. Il faut cesser toute pratique discriminatoire, qu'elle soit positive ou non, et éliminer les quotas en fonction du sexe ou de l'orientation sexuelle; encore une fois, la compétence et le mérite doivent demeurer les seuls

critères objectifs de sélection. Il faut mieux adapter l'environnement scolaire aux garçons afin de lutter contre leur sous-scolarisation. Il faut interdire toute médication et toute chirurgie visant à retarder la puberté ou à changer de sexe avant l'âge de 21 ans. Il faut interdire aux «*pénis*» (c.-à-d. trans non castrés) de participer aux compétitions sportives féminines et de pénétrer dans les vestiaires ainsi que les prisons pour femmes. L'adoption de l'écriture épicène ou inclusive doit demeurer un choix personnel et volontaire.

6. L'État et les nutritionnistes devraient informer la population des dangers inhérents au véganisme et à l'obésité. Les nutritionnistes faisant la promotion de diètes malsaines devraient être radiés de leur ordre professionnel. Il faut cesser de banaliser l'obésité. Il faudrait instaurer une taxe sur la malbouffe et reverser les fonds ainsi recueillis aux plus démunis afin qu'ils s'alimentent convenablement.

Quand une espèce arrive dans un nouvel écosystème, elle se reproduit exponentiellement jusqu'à en saturer l'espace. Ensuite, sa population plafonne et peut même être décimée par une maladie infectieuse. De la même manière, l'humanité a pu grandir à travers l'Histoire en faisant la conquête de nouveaux territoires sur Terre. Hélas, il n'y a plus de territoires à conquérir. Si la population humaine continue de croitre exponentiellement, elle risque fort d'être éventuellement décimée par une pandémie ravageuse dont la COVID-19 n'est qu'un avant-goût bénin.

L'autre option est de continuer à explorer de nouveaux territoires, donc forcément de découvrir de nouvelles planètes habitables. Nous y trouverons peut-être des climats moins cléments avec des habitants moins avancés technologiquement un peu à l'instar des premiers colons européens arrivés au Canada. Ensuite, nous coloniserons ces planètes comme nous avons colonisé l'Amérique à une autre époque (mais peut-être plus respectueusement cette fois-ci).

Ce scénario sauvera peut-être l'humanité, mais encore faut-il que celle-ci ne se soit pas autodétruite avant d'avoir eu le temps de développer la technologie nécessaire pour voyager dans l'espace et rejoindre d'autres planètes lointaines. Or, nous n'y arriverons jamais à moins de passer aux actes immédiatement comme je le propose ci-haut.

L'humanité colonisera-t-elle d'autres planètes ou périra-t-elle ? Je ne le saurai jamais, car je serai déjà mort et enterré d'ici là. En revanche, mes deux filles sont assez jeunes pour connaitre la suite de l'histoire. Elles pourront alors écrire l'épilogue de ce livre.

Du même auteur:

Et l'homme créa Dieu à son image

Vivre mince, gourmand et en santé

Manufactured by Amazon.ca
Bolton, ON

30551870R00138